KB215552

내 아이
첫 성교육

내 아이
첫 성교육

초판 1쇄 인쇄 2025년 5월 21일
초판 1쇄 발행 2025년 5월 28일

지은이 황영진

발행인 장상진
발행처 (주)경향비피
등록번호 제2012-000228호
등록일자 2012년 7월 2일

주소 서울시 영등포구 양평동 2가 37-1번지 동아프라임밸리 507-508호
전화 1644-5613 | **팩스** 02) 304-5613

ⓒ황영진

ISBN 978-89-6952-621-2 03370

내 아이
첫 성교육

부모가 제대로 알아야
제대로 가르친다!

황영진 지음

경향BP

멋진 부모가 될
준비가 되셨나요?

내가 결혼하기 전에 엄마한테 이런 질문을 한 적이 있다.

"엄마, 만약에 타임머신이 생긴다면 엄마는 언제로 돌아가고 싶어?"

나는 엄마가 학창시절, 아니면 엄마 인생에서 전성기였던 20살로 돌아갈 거라고 예상했다. 하지만 엄마의 대답은 의외였다.

"엄마는 타임머신이 생기면 너희들 어릴 때로 돌아가서 다시 잘 키우고 싶어."

사실 우리 집은 아빠가 경제적 활동을 하지 못하고 집안일도 도와주지 못하는 상황이어서 엄마가 돈도 벌고 육아도 하느라 정말 고생이 많았다.

나는 이해가 되지 않아서 엄마한테 물었다.

"엄마, 형하고 나 키우면서 진짜 고생했는데 왜 그때로 돌아가고 싶어?"

그러자 엄마는 말했다.

"아무리 힘들어도 그때 너희들 키울 때가 내 인생에서 가장 행복한 시절이었어. 잠도 못 자고 몸은 아파서 힘들어도 너희가 '엄마' 하면서 안아 주면 모든 피로가 다 풀리고 행복했어."

그때는 엄마의 말을 잘 이해하지 못했는데, 결혼을 하고 비로소 아빠가 되고 나니 엄마의 말이 무슨 의미인지 알 수 있었다.

나는 개그맨으로 20년 넘게 살아왔다. 그리고 아빠로 10년 넘게 살아왔다.

어릴 때부터 개그맨이 꿈이었기에 개그맨이 되었을 때 정말 행복했다. 아주 잠깐이었지만 사람들에게 사랑도 받고 최우수상도 받으며 꿈같은 시간을 보냈다. 하지만 결혼을 하고 아기를 낳아서 키워 보니 지금까지 살아온 인생은 내 아이를 만나기 위해 지나온 시간에 불과했다. 개그맨으로 활동하면서 느낀 행복보다 아이를 키우면서 느끼는 행복은 말로 표현하지 못할 정도이다.

"아이를 낳아서 키우는 건 미리 천국을 느끼는 것이다."

이 표현이 딱 맞는 것 같다. 육아로 인한 고통도 있지만 육아에서 오는 행복은 무엇과도 견줄 수 없을 만큼 정말 크다.

나에게는 30년 넘게 고치지 못한 나쁜 성격이 있었다. 아내도, 부모도, 절친도 못 고쳤는데 아이가 나의 나쁜 성격을 고쳤다. 아기는 나의 최고의 스승이다. 그 어떤 훌륭한 선생님보다 더 큰 가르침을 주는 게 바로 자식이다.

내가 어렸을 때 종종 아버지가 밤늦게 치킨을 사 가지고 오셨다. 형과 나는 '아빠한테 좋은 일이 있었나?' 하면서 치킨을 먹었다. 아버지가 너무 힘든 날이면 치킨을 보고 좋아하는 아이의 모습을 보면서 위로받으려고 사 오는 거였다는 걸 내가 아버지가 되고 나서야 알게 되었다.

독자들이 이 책을 보는 이유는 아이에게 좋은 부모가 되기 위해서일 것이다. 부모가 되고 나면 그 어떤 것보다 아이에게서 얻는 기쁨이 최고이다. 나 역시 그렇다. 나랑 똑 닮은 아이를 키우는 기쁨은 인간이 느낄 수 있는 모든 쾌감과 행복감, 만족감 중 단언컨대 최고라고 할 수 있다.

목숨보다 소중한 내 아이가 울기도 하고 웃기도 하고, 나를 보고 처음으로 엄마, 아빠라고 불러 주는 것. 그건 정말 세상에서 느껴 보지 못한 최고의 행복과 감동이다.

부모라면 나중에 자식에게 큰돈을 남겨 주고 싶은 마음이 있을 것이다. 그러기 위해서 열심히 일을 한다. 하지만 나는 생각이 좀 다르다. 자식한테 건강한 정신 상태만 물려주면 부모 역할을 다한 거라고 생각한다. 부모가 자식한테 물려줄 게 없다고 해서 미안하다는 생각은 절대 하지 말아야 한다.

아이에게 올바른 교육을 해 주는 부모가 진짜 최고의 부모가 아닐까? 자식에게 무엇이든 주기만 하면 그 자식은 노력두 하지 않고 당연히 부모의 재산을 다 자기 것이라고 생각한다. 가난을 대물림할까 봐 겁낼 게 아니라 가난한 마인드를 대물림할까 봐 겁내야 한다.

지금부터 정말 멋진 부모가 될 준비가 되었다면 이 책을 읽고 사랑하는 아이에게 실천하길 바란다. 자식에게 재산을 물려주는 것보다 더 중요한 건 건강한 마인드를 물려주는 것이다. 자식을 많이 사랑해 주고, 자식에게 혼자서도 잘할 수 있는 자립심을 물려주자.

이 책을 쓰면서 다시 한 번 가족의 소중함을 느끼게 되었다. 부모가 되기 전의 개그맨 황영진보다 부모로서 살고 있는 아빠 황영진의 삶이 정말 만족스럽다.

이 책을 쓸 수 있게 해 준 엄마 임수현, 아내 김다솜, 아들 황지한, 딸 황지유에게 고마운 마음을 전한다.

황영진

차 례

머리말 멋진 부모가 될 준비가 되셨나요?   ·4

들어가기 전에 성교육을 왜 부모가 해야 하나요?   ·10

PART 1 성교육을 하기 전에 부모가 먼저 배우세요

1 내 아이라도 함부로 안고 뽀뽀하지 마세요   ·24

2 아이하고 언제까지 같이 목욕해도 될까요?   ·30

3 아이의 몸이 변하고 있어요 – 첫 몽정, 첫 생리   ·37

4 인터넷 게임에서 수상한 교제가 시작돼요   ·46

5 성 고정관념에서 벗어나세요   ·52

6 건강하게 이성 교제하는 방법   ·66

7 데이트 폭력, 성폭력을 예방하는 방법   ·75

PART 2 현명한 부모는 어릴 때부터 성교육해요

1 그때 그 시절의 성교육 ·92

2 아이 성교육은 부모가 변해야 해요 ·106

3 아이의 이성 교제 허락해도 될까요? ·111

4 요즘 아이들은 스마트폰으로 성교육을 배워요 ·122

5 SNS를 통해 잘못된 성교육이 퍼지고 있어요 ·133

6 일상 속에서 자연스럽게 성교육하세요 ·143

7 부모의 몸을 만지는 아이를 대하는 방법 ·152

8 사춘기 아이에게 성교육하는 방법 ·156

PART 3 성관계에는 책임감이 따라요

1 성관계에 동반되는 책임감을 알려 주세요 ·176

2 아이에게 피임 방법을 알려 주세요 ·184

3 포경 수술은 꼭 해야 할까요? ·195

4 아이의 자위를 대하는 방법 ·201

5 아이의 성욕을 대하는 방법 ·211

6 아들의 발기를 대하는 방법 ·215

7 야동을 보는 아이를 대하는 방법 ·220

8 야동에 중독된 아이를 대하는 방법 ·234

부록 성과 관련한 초등학생들의 황당한 질문 ·238

성교육을
왜 부모가 해야 하나요?

유치원에 다니는 아들이 아빠에게 말했다.

아들 아빠, 아기는 어떻게 생겨?

아빠 어… 그건….

아들 아빠, 나는 아기가 어떻게 생기는지 다 알고 있어.

아빠 5살밖에 안 된 네가 그걸 어떻게 알아?

아들 유튜브에서 봤어.

아빠 아, 그래… 유튜브에서 아기는 어떻게 생긴다고 하니?

아들 음… 아빠가 콘돔을 안 끼면 생기는 거야.

아빠 뭐라고?

아들 나 낳으려고 콘돔 안 낀 거 알아. 앞으로 콘돔 끼지 마. 나 동생
　　　만들어 줘.

이런 상황에서 부모가 정확한 성교육을 배웠다면 아이를 잘 교육시킬 수 있지 않을까?

5살 아이가 짧은 머리에 파마를 한 할머니를 보고 이렇게 말했다.

"엄마, 이 사람은 남자야? 여자야?"

남자와 여자에 대해서 호기심을 가질 나이다. 그래서 머리 길이로 남녀를 판단한 것 같다.

엄마는 할머니에게 죄송하다고 사과를 하고 아이에게 말했다.

"여자분이야. 그리고 그런 말 하면 안 돼."

아이가 엄마에게 말했다.

"여자인데 왜 찌찌가 아빠처럼 내려가 있어?"

정말 황당하고 웃픈 이야기다. 이런 일도 있었다.

엄마 친구들이 집에 놀러 왔다. 5살 아이는 예쁜 엄마 친구에게 말했다.

"너무 예쁘다. 이모, 너무 예뻐요."

그때 옆에 있던 다른 엄마 친구가 아이를 보면서 말했다.

"아이고, 귀여워라. 너 몇 살이니?"

그러자 아이가 말했다.

"저는 5살. 그런데 왜 물어봐요? 아줌마도 예쁘다고 해 줄까요?"

참 웃픈 이야기이다. 아직 아이인데 벌써부터 사람을 외모로 평가하다니…. 아직 아이지만 사람을 외모로 평가하는 건 잘못된 것이다.

또 다른 사례이다. 동네에 호텔이 있는데 그걸 본 아이가 엄마에게 그곳이 뭐냐고 물어보면서 호텔에 가 보고 싶다고 했다.

엄마 여기는 마트나 백화점 같은 곳이 아니라 잠을 자는 곳이야. 갈
　　 수가 없어.

아이 엄마, 그런 우리도 집에서 자지 말고 여기서 자면 되잖아.

엄마 여기 호텔은 집이 멀리 있거나, 집이 없는 사람들이 가끔 자는
　　 곳이야.

1주일 후 아이와 호텔 옆을 지나가는데 한 커플이 호텔에 들어가
고 있었다. 아이가 그 커플에게 다가가더니 소리 쳤다.

"집이 없는 사람들이다. 집이 없어서 여기 가는 거죠? 집이 멀리
있구나."

아이가 순수해서 뭘 모르고 한 얘기라 웃고 넘기지만, 아이에게 미
리 교육을 해서 잘 알려 주었다면 이런 일이 발생하지 않을 수 있다.

많은 부모가 이런 말을 한다.

"성교육은 학교에서 해 주는데 왜 부모가 성교육을 해야 하죠?"

사실 부모들은 성교육을 받지 못한 세대이다. 그래서 사실 부모도
제대로 모른다. 그래서 학교에서 성교육을 배우면 된다고 생각한다.

요즘은 맞벌이를 하는 시대이다. 그러다 보니 부모들은 회사에 갔
다가, 아이들은 학교 갔다가, 학원 갔다가, 저녁이 되어야 비로소 가족
이 모이게 된다. 과학기술정보통신부의 조사에 따르면, 18세 미만 자
녀가 있는 유배우 가구의 56.8%가 맞벌이를 한다고 한다.

이제 외벌이로는 살기 힘든 시대가 되고 있다. 그러다 보니 육아를
하기에 좋지 않은 환경이 되고 있는 건 부정할 수가 없다. 아직 아이가

어린 젊은 부모들은 정말 힘들다. 하루 종일 일하고 오면 집에서 지친 몸을 쉬어야 하는데 저녁 준비에다 밀린 집안일까지 하고 나면 잠자기 바쁘다. 그래서 아이들과 시간을 보내고 싶어도 그러지 못하는 부모가 아주 많다. 하지만 시간이 없더라도 아이에게 성교육은 꼭 필요하다. 성교육을 하지 못하면 다음과 같은 일이 발생할 수 있다.

아이들이 초등학교 고학년이 되자 어떻게 성교육을 해야 하나 고민을 하던 아버지가 용기를 냈다.

아빠   얘들아, 너희가 벌서 11살, 12살이 되었구나. 그래서 진지하게 할 말이 있다.

아이들 무슨 말인데요?

아빠   아빠가 정말 용기를 내어서 너희들한테 말하는 거야. 잘 들어주렴. 어디서부터 시작을 해야 할지 모르겠다.

아이들 뭔데요? 말해 봐요.

아빠   다른 게 아니고 너희들도 이제 다 컸으니까 성에 대해서….

그때 아이들이 아버지의 말을 끊고 이런 말을 했다.

아이들 아빠, 편하게 말씀하세요. 무엇이 알고 싶은데요?

'내 아이는 순수해서 그러지 않을 거야. 아직 아기인데 뭘 안다고 성교육을 해야 할까?'라고 생각하는 부모들도 있을 것이다. 하지만 아이들은 부모 생각보다 성에 대해서 더 빠르게 더 많이 알고 있다.

나는 2003년에 개그맨으로 데뷔해서 지금까지 꾸준히 쉬지 않고 방송 활동을 하고 있다. 나의 대표 프로그램은 「웃음을 찾는 사람들(일명 웃찾사)」의 '잭슨황'이라는 코너이다. 유일하게 혼자 하는 코너여서 많은 사람이 알고 있다. 혹시 '잭슨황'은 몰라도 「웃찾사」의 인기 코너였던 컬투의 '그때그때 달라요'는 알 것이다. 그 코너 바로 앞에 했던 게 '잭슨황'이다. (비굴하지만 그래도 기억해 달라는 의미다.)

20년 넘게 활동을 하면서 뜨지 않는 것도 참 쉽지 않다. 그 어려운 길을 내가 가고 있다. 20년 넘게 꾸준히 활동하면 대부분 뜨는데 나는 그 쉬운 길을 가지 못하고 가늘고 길게 가고 있다. 그런데 개그맨이 왜 성희롱예방 강사, 성교육 강사가 되었을까?

강의를 다니면 이런 말을 자주 듣는다.

"개그맨이 왜 성희롱예방 강사, 성교육 강사를 해요?"

나도 성과 관련한 사연이 있기 때문이다. 그렇다고 해서 내가 성희롱을 한 사람으로 오해하지는 마라. 난 성희롱을 당한 피해자이다. 그래서 성희롱이나 성폭력에 피해를 입은 사람들의 마음을 그 누구보다 잘 알고 있기 때문에 성희롱예방 강사가 된 것이다.

나는 성교육을 받지 못한 세대이다. 내가 다닌 학교에서는 생물 시간에 남자, 여자의 신체를 알려 주었을 뿐이었고, 성에 대해 그 누구에게서도 배우지 못했다.

나의 성교육 선생님은 바로 친구, 동네 아는 형이었다. 그런데 잘못된 성을 배웠기 때문에 학창 시절에는 친구들과 야한 이야기, 성적인 농담을 아무렇지 않게 했다. 오히려 그게 유머라고 생각했다.

고등학교를 졸업하고 백화점 주차장에서 처음으로 아르바이트를 했는데 상사에게서 이런 말을 들었다.

"너 20살이 되었으니까 당연히 해 봤지?"

"안 해 봤어? 남자라면 해 봐야지."

"여자랑 한 번도 안 한 거야? 바보네, 바보야. 올해 끝나기 전까지 꼭 해 봐라."

"넌 내가 봤을 때 거기가 클 것 같아."

수치심이 들었다. 솔직히 말해서 이런 대화가 처음은 아니었다. 친구들하고도 이런 이야기를 하면서 장난 쳤다. 하지만 친구가 아닌 직장 상사에게 이런 말을 들으니까 아무런 대꾸도 하지 못하고 기분이 무척 나빴다. 그런데도 성희롱적인 발언을 한 상사를 볼 때마다 아무렇지 않은 척 인사를 했다. 지금도 그 백화점을 지나갈 때면 그때 생각이 나서 기분이 나쁘다.

성추행을 당한 피해자들에게 "왜 그때 말을 못하고 가만히 있었니?"라고 말하는 사람들이 있는데 실제로 내가 당해 보니 정말 아무 말도 하지 못하게 된다. 남자인데다 성격도 밝고 장난도 잘 치는 나도 가만히 있을 수밖에 없었는데 다른 입장이었다면 더욱 대처하기 어려웠을 것이다. 직접 경험해 본 사람으로서 성희롱과 성폭력은 정말 끔찍한 폭력이다.

나는 개그맨이 된 뒤 성폭력에 대한 개그를 만들어서 풍자했다. 그러면서 자연스럽게 성희롱예방 강사 시험에 도전하게 되었고, 현재 8년 차 성교육 & 성희롱예방 강사로서 150회 이상 강의를 하면서 성폭력이 없는 사회를 만들기 위해 최선을 다하고 있다.

내가 만약 어린 시절에 성교육을 잘 배웠다면 그런 성희롱적인 말을 들었을 때 어떻게 대처했을까? 요즘은 학교에서 배우는 성교육도 정말 좋은 수업이고 선생님들이 잘 가르치지만 현실에서는 한계가 있다. 그래서 이 책을 통해 내가 그동안 많은 중·고등학교에서 성교육을 하면서 느낀 우리 아이들의 현실을 알려 주려고 한다.

남녀공학 학교에 가면 한 반에 20명 정도 학생이 있다. 그중 평균적으로 1~3커플이 존재한다. 옛날과 다른 건 아이들이 다른 사람의 눈치를 보지 않는다는 것이다. 커플인 학생들은 학교에서도 과감하게 스킨십을 했다. 내가 학교에 강의를 갈 때 정말 깜짝 놀랐던 건 아이들의 스킨십이었다.

'쉬는 시간에 서로 손잡고 다니는 커플'
'여자친구를 자신의 무릎 위에 앉혀 안고 있는 커플'
'교실 커튼 속으로 들어가서 뽀뽀하는 커플'
'학교의 사각지대를 찾아다니면서 서로 스킨십을 하는 커플'
'강의 중간 중간에 서로의 허벅지를 만지는 커플'
'체육관 매트에 함께 누워서 안고 있는 커플'

대부분 남학생이 스킨십을 주도하지만 여학생이 먼저 스킨십을 하는 경우도 자주 볼 수 있다. 먼저 안아 주고 뽀뽀해 주는 모습을 내 눈으로도 보았다.

이 글을 읽는 부모들은 이런 생각을 할 것이다.

'우리 애들이 그런다고?'

'우리 애들은 절대 안 그래.'

'요즘 애들 정말 너무 빠르다. 빨라.'

'요즘 애들 정말 문제네.'

부모 입장에서는 정말 충격받을 만한 내용이다. 그런데 솔직히 말해서 우리 부모들도 학창 시절에 사귀었던 이성 친구하고 스킨십을 하지 않았나? 학창 시절에 했던 첫 키스의 추억이 있지 않나? 나도 양심 고백을 하자면 학교 다닐 때 사귀었던 친구하고 스킨십을 했다. 아내는 지금도 첫 키스가 자기인 줄 알지만….

아이들이 서로 좋아해서 스킨십을 하는 건 어느 정도 이해해 주어야 한다. 물론 너무 심한 스킨십은 문제가 될 수 있다. 놀라운 건 요즘 아이들은 누가 보든 말든 상관없이 스킨십을 한다는 것이다. 예전에는 학교에서 스킨십은커녕 손 잡는 것도 몰래 아무도 없는 곳에서 했는데 말이다.

내가 충격을 받은 건 학교에서 스킨십을 하는 커플을 보는 주변 학생들의 반응이다. 커플이 옆에서 서로 안고 뽀뽀해도 주변 친구들은 아무도 상관하지 않았다. 왜 그럴까 생각해 보니 다음과 같은 이유 때문이었다.

'너무 자주 봐서 이런 현상이 익숙하다.'

'서로 사귀면 저런 스킨십은 당연한 것이다.'

'성교육을 제대로 받지 못해서 성에 대한 의식이 없다.'

나는 주변 친구들을 의식하지 않는 이유가 궁금해서 학생 커플에게 물어보았다.

"친구들도 많은데 왜 학교에서 스킨십을 해? 부끄럽지 않아?"

그 커플의 대답은 예상 밖이었다.

"나랑 사귀는 걸 알려야죠, 그리고 내 거라는 걸 친구들에게 자랑하고 싶어요."

한마디로 두 사람이 사귀는 걸 과시하고 싶은 마음 때문이었다. 내가 학교 다닐 때는 이런 생각을 해도 부끄럽고 창피해서 말하지 못했는데 요즘 학생들은 달랐다.

어느 날 강의가 끝난 뒤 한 학생이 아무도 없는 곳에서 조용하게 말했다.

"우리 반에도 커플이 있는데 쉬는 시간마다 서로 안고 뽀뽀해서 정말 불편해요."

이후 그 커플을 만나서 상담을 하게 되었다.

영진 학교는 공부하는 곳인데 왜 그렇게 서로 스킨십을 하는 거니?

커플 친구들한테 우리 사귀는 거 자랑도 하고 싶고요. 영화나 드라마에서 보면 그러던데요.

영진 그건 드라마니까 그런 거지, 실제로 학교에서 그러면 친구들이 불편하잖아.

커플 친구들도 응원해 주는데요. 그리고 학교에서는 정말 조심하는 거예요.

그 커플의 마지막 말을 듣고는 '밖에 나가면 얼마나 더 심각할까?'라는 생각을 하게 되었다. 가끔 학교에 주변 상가에서 민원이 들어올 때가 있다.

"여기 학생들이 몰래 들어가서 나오지 않네요."

"남녀 학생이 서로 스킨십하고 있어요."

"옥상에 학생들이 올라가서 옷을 벗고 성관계를 한다는 제보가 있어요."

물론 극소수의 학생들일 것이다. 하지만 극소수라도 학교에서 그런 행동을 하면 점점 퍼지게 되고, 그게 자연스러운 현상이 될 수 있다.

요즘은 맞벌이하는 부모가 많다. 그래서 낮에 빈 집이 많다. 학교 끝나고 아무도 없는 집에 가서 강도가 심한 스킨십을 하는 경우도 많이 발생한다. 학교마다 다르겠지만 내가 강의를 다닌 학교에서는 이런 학생들이 있었다. 선생님이 지나갈 때는 조심하는 커플도 있었지만 선생님이 있어도 계속해서 스킨십을 하는 커플도 있었다. 선생님은 "학교에서 그러지 마라."고 훈계하지만 그게 전부이다. 학생들에게 더 이상 강요하거나 훈계를 할 수 없는 게 현 교육의 한계이다.

학교에서 연애하는 학생들은 성적이 떨어지는 경우가 많다. 우리 시절에도 그랬다. 연애하면 성적이 떨어져서 부모들이 못 만나게 했던 추억이 있을 것이다. 그렇지만 학창 시절의 연애를 무조건 막는 것은 좋은 방법이 아니다. 실제로 건전한 연애를 통해서 성적이 좋아지는 경우도 있다. 친구 따라 강남 간다는 말도 있지 않은가.

웃기는 사람이 되고 싶다면 웃긴 친구 옆에 있어라. 그러면 자기도 모르게 그 친구의 말투와 웃음소리가 비슷해진다. 공부를 잘하고 싶으면 공부를 잘하는 친구와 친해져라. 그러면 자기도 모르게 그 친구와 같이 공부를 하면서 성적이 올라간다. 물론 나쁜 친구들과 어울리면 자신의 의도와 다르게 담배를 피거나 오토바이를 타게 되기도 한다. 그만큼 친구를 잘 만나는 것이 중요하다는 말이다.

그래서 성교육에서 부모의 역할이 중요하다. 어린 시절부터 아이들에게 성교육을 제대로 하면 아이들이 학교에서 자신의 몸이 소중하고 다른 사람의 몸도 소중한 걸 알게 되어서 서로에게 스킨십을 조심스럽게 할 수 있다. 어릴 때부터 부모에게 성교육을 제대로 배운 아이는 때와 장소를 구분해서 스킨십을 해야 한다는 걸 안다. 좋아하는 친구가 생겨도 학교에서 사람들의 눈치를 보면서 손을 잡을 것이다.

강의할 때 이성 교제에 대한 이야기를 하면 간혹 이렇게 말하는 부모도 있다.

"우리 애는 절대로 연애 안 시킬 거예요."

그런데 그건 절대로 부모가 원하는 대로 되지 않는다. 아이가 누구를 좋아하게 되는 건 어쩔 수 없는 현상이다. 그걸 막을 수는 없다. 연애를 절대로 안 시킬 거라고 장담하지만 그걸 누가 막을 수 있겠는가? 그러니 부모가 먼저 건전한 청소년 연애를 알려 주어야 하는 것이다.

아이가 학교에서 성교육을 받기 전에 가정에서 먼저 기본적인 성교육을 하는 게 좋다. 학교 들어가기 전에 한글, 수학, 영어 같은 것을 미리 준비하는 것보다 더 중요한 게 바로 아이의 성교육이다. 성교육은 내 몸이 소중한 걸 알려 주는 것이고, 내 몸이 소중한 걸 알게 되었을 때 다른 사람의 몸도 소중한 걸 알게 되는 인성 교육이다.

데이트 폭력이라는 말을 종종 듣게 된다. 심지어 교제 살인 사건도 일어난다. 서로 사귀던 커플인데 이별 통보를 한 여학생의 학교에 찾아가서 끔찍하게 살인을 하기도 한다. 이처럼 잘 사귀는 것도 중요하지만 잘 헤어지는 것도 정말 중요하다. 어린 시절에 부모가 성교육을 잘 시킨다면 우리 아이는 상대방의 의사를 존중하는 사람이 될 것이다.

가정에서 아이에게 올바른 성교육과 기본적인 에티켓을 가르치는 것이 정말 중요하다. 아이는 부모가 하는 행동을 보고 그대로 따라하기 때문이다. 부부관계가 좋은 집에서 태어난 아이는 나중에 학교에 가서도 건전한 이성 교제를 하게 된다. 학교 선생님이 가르치는 것보다 10배 더 뛰어난 학습 효과가 있다. 그러므로 아이의 성교육은 부모가 직접 하는 것이 좋다.

PART 1

성교육을 하기 전에
부모가 먼저 배우세요

1

내 아이라도 함부로
안고 뽀뽀하지 마세요

유치원에 다니는 아들이 아빠하고 목욕을 하고 있는데 이런 말을 했다.

"아빠 거는 왜 이렇게 커?"

성교육을 잘 배우지 못한 아빠는 당황했다. 무슨 말을 해야 할지 고민하다가 어렵게 아들에게 이야기했다.

"너도 어른이 되면 커질 거야."

아빠는 아들의 예상하지 못한 질문에 한숨을 쉬면서 샤워를 끝냈다. 그러고는 아내와 아이가 방에서 하는 말을 들었다.

"아까 아빠랑 샤워하면서 말하는 것 들었는데 아빠 고추 크다고 했지?"

아들이 말했다.

"응. 했어."

엄마가 말했다.

"그런데 아빠도 그렇고 다른 사람에게도 고추는 정말 소중한 거야. 그래서 고추가 크다, 고추가 작다라고 말하면 안 되는 거야. 다음부터는 그런 거 말하면 안 돼."

이 말을 듣고 아빠는 '우리 아내가 참 성교육을 잘하는구나.'라는 생각을 했다.

엄마는 또 아들에게 말했다.

"아들아, 아빠는 엄청 작은 편이야. 그래서 친구들한테 크다, 작다라고 이야기하면 안 돼. 절대로…."

상황극으로 만든 이야기인데 여기서 부부는 제대로 성교육을 하지 못했다. 왜냐하면 '남자 고추'라는 말을 사용했기 때문이다. '고추'라고 말하면 안 된다. 대부분의 부모는 아이들에게 성기를 지칭할 때 고추, 소중이, 잠지 같은 단어로 알려 준다.

성교육을 할 때는 아이들에게 정확한 이름을 알려 주어야 한다. 어릴 때부터 남자는 음경, 여자는 음순이라고 알려 주어야 나중에 아이들이 성장해서도 부끄럽지 않게 자신의 성기를 음경, 음순이라고 부른다. 실제로 우리 집 아이들은 아주 자연스럽게 음경, 음순이라고 말한다. 오히려 아이들의 친구들이 그게 뭐냐고 물어본다.

실제로 한 유치원생이 나쁜 어른한테 성추행을 당했는데 아이가 증언할 때 음순을 소중이라고 표현해서 재판에서 정확하지 않은 진술이라고 판단되었다. 그러니 이제부터는 아이들에게 소중이라는 말을 버리고 정확하게 남자는 음경, 여자는 음순이라고 알려 주어야 한다.

부모가 되는 것은 쉬운 일이 아니다. 아이를 키우는 데는 인내와 고통이 따른다. '부모가 되려면 참고, 참고, 참아야 한다.'는 말이 있다. 맞는 말이다. 나도 아이를 키워 보니 참아야 할 일이 정말 많은 것 같다. 특히 아이에 대한 사랑 표현도 참아야 할 때가 있다. 내 아이라도 함부로 안고 뽀뽀해서는 안 된다.

그런데 왜 내 아이라도 함부로 안고 뽀뽀하지 말라고 하는 걸까? 그 이유는 바로 '내 아이도 함부로 다른 사람들을 안고 뽀뽀할 수 있기 때문이다.' 그렇다고 아이에게 스킨십을 하지 말라는 것은 아니다. 부모와 아이의 스킨십은 정말 중요하다. 특히 생후 36개월까지 부모가 해 주는 스킨십은 아이의 뇌 건강에 정말 좋다.

어린 시절부터 부모가 안아 주고 뽀뽀해 주면 아이에게 정말 좋다. 단 뽀뽀해 주고 안아 줄 때 아이에게 동의를 받고 스킨십을 해야 한다. 아이가 말을 할 수 있고 자신의 의사를 표현할 수 있을 때부터 실천하면 된다. 아이를 안아 줄 때 이렇게 말한다.

부모 우리 딸(아들), 아빠(엄마)가 안아 줘도 될까?
아이 네. 안아 주세요.

아이가 안아 달라고 동의하면 그때 안아 준다. 뽀뽀할 때도 같은 방법으로 한다. 아이가 싫다고 표현하거나 아무 말을 하지 않으면 동의한 게 아니기 때문에 그 자리에서 자기 멋대로 판단하고 뽀뽀하거나 안아 주면 안 된다.

그런데 이렇게 말하는 사람들도 있다.

"애들이 뭘 알아요. 부모 자식인데 뭘 그런 걸 묻고 해야 하나요?"

동의를 구하는 이유는 아주 간단하다. 어린 시절부터 부모한테 동의를 배우면 아이는 친구에게 스킨십을 할 때도 먼저 물어본다. 이렇게 자란 아이는 성인이 되어 이성 교제를 할 때도 상대방에게 동의를 받아야 스킨십을 하기 때문에 성폭력 예방에 도움이 된다.

강의를 다니다 보면 상대방의 의사와 상관없이 장난이라는 표현을 하면서 친구의 몸을 함부로 만지는 아이들이 있다. 한 학생이 친구의 귀를 만지는 게 좋아서 계속 귀를 만졌는데 피해를 당한 학생은 친구니까 말을 하지 못하고 불편해도 그냥 참고 넘어간다고 고민을 토로했다. 만약 이 학생들이 어린 시절부터 부모에게 동의라는 걸 배웠다면 이렇게 했을 것이다.

A학생 나 귀 만지는 거 좋아하는데 네 귀 만져도 될까?
B학생 (동의한다면) 그래 만져 봐. (동의하지 않는다면) 싫어.

나는 아들과 딸이 있는 아빠다. 아이들이 어린 시절부터 뽀뽀하고 안아 줄 때 아이들에게 물어보았다.

"아빠가 안아 줘도 될까?"

"아빠가 뽀뽀해도 될까?"

그때마다 아이들은 동의할 건지 이야기해 주었다.

그렇게 5년 정도 살다 보니 아이들에게 놀라운 변화가 생겼다. 나도 모르게 아이들에게 말하지 않고 뽀뽀하거나 안으면 아이들이 이렇게 말한다.

"아빠, 말도 안 하고 왜 뽀뽀해?"

"아빠, 왜 갑자기 날 안아. 물어봐야지."

그러면 나도 '아차' 하면서 아이들에게 사과를 한다.

우리 아이들은 학교에서도 자기 목소리를 정확하게 낸다.

"친구야, 내 손 잡을 때는 말하고 잡아야지. 내가 오케이해야 잡는 거야."

아들은 친구에게 스킨십을 할 때 물어보는 습관이 생겨서 젠틀맨으로 소문이 났다. 딸은 자신의 몸을 함부로 누가 만지면 안 되는 걸 알게 되어서 선생님한테도 이야기할 정도다.

이런 모습은 하루아침에 만들어지는 게 아니다. 정말 오랜 시간이 필요한 교육이고 훈련이다. 부모 입장에서는 정말 힘들고 답답하고, 꼭 이렇게 해야 하나 하는 생각도 든다. 그래도 해야 한다. 10번 중 3번이라도 아이에게 물어보고 스킨십을 해야 한다. 이 교육으로 아이는 내 몸이 소중한 것처럼 남의 몸도 소중하다는 걸 배우게 된다.

"

아이가 너무 귀엽고 예뻐서
뽀뽀를 마구마구 하는 부모인가요?
아이가 답답해하는 모습마저도 예뻐서
뽀뽀하고 안아 주나요?

"

2

아이하고 언제까지
같이 목욕해도 될까요?

나는 어릴 때 엄마를 따라서 대중목욕탕을 다녔다. 아빠가 집에 자주 없었기 때문에 9살 때까지 엄마와 같이 여탕에 갔다. 그 시절에는 그런 일들이 자주 있어서 대수롭지 않게 생각했다. 하지만 여탕에서 같은 반 여자친구를 보고 난 후에는 더 이상 여탕에 가지 않겠다고 했다. 내 인생에서 처음으로 수치심이 들었기 때문이다.

이후로는 나 혼자 남탕에 가서 목욕을 했다. 1시간 정도 열심히 씻고 나오는 길에 지난번에 여탕에서 봤던 같은 반 여자친구를 만났다. 나는 이제 남탕에서 목욕하는 걸 알려 주고 싶었다. 그때 그 여자친구가 나한테 이렇게 말했다.

"목욕하러 가니?"

1시간 넘게 씻고 나오는 길인데…. 씻어도 티가 나지 않는 건지, 아니면 잘못 씻었는지 정말 굴욕적이었다.

(확실히 부모님하고 같이 가야 깨끗해지는구나. 참 웃픈 이야기이다.)

나는 부모가 된다면 아이와 함께 목욕탕에 가는 게 꿈이었다. 부모가 되면 아이하고 같이 목욕하는 게 당연하게 여겨질 것이다. 그런데 아빠와 딸 혹은 엄마와 아들은 언제까지 같이 목욕을 할 수 있을까?

"언제쯤부터 아이하고 목욕하는 걸 따로 해야 하나요?"

이런 질문들을 정말 많이 한다. 여기에 대해서 법으로 정해진 정답은 없다. 성교육 강사들도 각각 다르게 말한다. 어떤 강사는 최대한 서로 같이 목욕할 수 있을 때까지 하라고 하고, 어떤 강사는 아이가 말하기 시작하면 그때부터 분리하라고 한다. 나는 초등학교에 입학할 때부터 샤워를 분리하는 게 좋다고 생각한다. 초등학교 입학을 기점으로 남자는 남자끼리, 여자는 여자끼리 샤워와 목욕을 하는 게 좋다고 생각한다.

그럼 목욕탕에는 과연 몇 살까지 이성 부모와 혼욕을 할 수 있을까? 확인해 보니 공중위생관리법에 만 4세부터는 혼욕을 할 수 없다고 정해져 있다. 그럼 우리 아이도 만 4세부터 분리하면 되지 왜 초등학교에 들어가면서 분리해야 하는 걸까?

정답은 없지만 나는 아이들이 초등학교에 입학할 무렵이 남자, 여자에 대해서 알게 되는 시기라고 생각한다. 이성 친구와 노는 게 부끄러워지기 시작하는 것이다. 그리고 초등학교 입학부터 본격적으로 단체 생활을 하게 되므로 집에서도 자연스럽게 남자와 여자가 서로 다른 몸을 가졌다는 것, 그래서 화장실을 사용할 때나 샤워할 때 분리해야한다는 걸 알려 주는 것이 좋다. 이 시기에 잘 교육하지 않으면 아이들이 다른 성을 가진 가족을 성적으로 보는 경우가 생길 수 있다.

강의를 할 때 한 어머니가 정말 고통스워하면서 질문을 했다.

"중학생인 아들과 고등학생인 딸을 키우고 있는 엄마입니다. 저희 가족은 사이가 좋아요. 애들이 사춘기인데도 별 탈 없이 잘 지내고, 어릴 때부터 서로 안아 주고, 가족끼리 샤워도 같이 오래 했어요. 지금은 고등학생인 딸이 조심스러워하지만 어릴 때부터 습관이 되어서 집에서도 옷을 잘 안 입을 때가 있어요. 가족이다 보니까 편하게 지낸 것 같아요. 제가 샤워를 하고 나올 때 욕실에 속옷을 놓고 나온 적이 가끔 있었어요. 그런데 그 속옷이 아들 방에서 나오더라고요. 처음에는 '왜 여기 내 속옷이 있을까?'라고 별생각 없이 지나쳤어요. 그러던 어느 날 밤 늦게 공부하고 있는 줄 알고 아들 방문을 살짝 열었는데 제 팬티와 누나 팬티의 냄새를 맡으면서 자위를 하고 있었어요. 샤워할 때 벗어 놓았던 팬티에 묻은 분비물 냄새를 맡으면서 자위를 하는 거였어요. 너무 충격이었고 어떻게 해야 할지 모르겠어요."

이 말을 듣고 마음이 아팠다. 정말 있으면 안 되는 일이 발생한 것이다. 일단 여기서 잘못된 것은 남의 팬티를 가지고 간 것이다. 그리고 여자의 팬티를 이용해서 자위를 하는 것은 범죄 행위이다. 다음 잘못은 자기 속옷을 잘 관리하지 않은 것이다. 여기에서 핵심은 부모가 아이를 키우면서 성교육을 잘해 주었다면 이런 일은 발생하지 않을 수 있었다는 것이다.

그럼 어떻게 아이에게 남자, 여자를 자연스럽게 분리하는지 알아보자. 일단 앞에서 말한 것처럼 아이가 어릴 때부터 아이를 안아 주든가 아이에게 뽀뽀할 때 아이의 동의를 받고 해야 한다. 그 과정을 통해 아이는 학교에 가서도 누가 자신의 신체를 만지거나 이성 친구를 만날 때 동의 없이 스킨십을 하면 바로 이야기할 수 있게 된다.

부모와 같이 샤워를 할 때도 아이에게 동의를 구한다. 아이가 말을 할 수 있는 나이가 되면 "엄마랑 같이 씻고 싶어?"라고 물어 본다. 그리고 아이의 대답을 듣고 씻으면 된다. 특히 아빠와 딸, 엄마와 아들 간에는 반드시 이런 동의를 구해야 한다.

그리고 초등학교에 들어가기 전인 7살 때부터 자연스럽게 이렇게 말해 준다.

"이제 우리 딸이랑 같이 씻는 시간도 얼마 안 남았네."

그럼 아이가 물어본다.

"왜 같이 씻으면 안 돼?"

그때 이렇게 말해 준다.

"아빠도 우리 딸을 너무 사랑해서 계속 같이 씻고 싶은데 아빠는 남자고 우리 딸은 여자이기 때문에 우리 딸이 초등학교에 들어가면 이제 같이 씻을 수 없단다. 목욕탕이나 수영장에 갈 때 남자, 여자 따로 들어가야 하잖아. 그래서 지금은 우리 딸이 아이여서 괜찮지만 초등학교에 들어가면 같이 씻을 수는 없어."

이런 과정에서 아이도 마음의 준비를 하게 된다.

이런 이야기는 한 번만 하는 게 아니라 아이가 8살이 되기 전까지 샤워할 때 자연스럽게 반복적으로 이야기해 주면 된다. 아들에게도 역시나 엄마가 똑같이 이야기해 준다.

남매는 언제까지 같이 목욕을 해도 되나요?

나는 남매를 키우고 있다. 남매를 키우는 집이면 아이가 어릴 때는 같이 물놀이를 하라고 욕조에 물을 받아 놓고 함께 목욕을 시킨다. 아이가 어릴 때는 괜찮다. 하지만 큰아이가 초등학교에 들어가게 되면 남매를 분리하는 게 맞다. 정말 사이가 좋아서 같이 물놀이를 하고 싶어 한다면 수영복이나 속옷을 입히고 하게 한다. 그리고 아이들에게 자연스럽게 남자와 여자에 대해서 말해 준다.

"둘이 남매지만 남자, 여자이기 때문에 서로의 음경, 음순을 보면 안 돼요. 그러니 우리 속옷을 입고 물놀이하자."

샤워하러 가기 전에 욕실 밖에서 옷을 벗고 들어가나요?

가족이다 보니 샤워하러 갈 때 욕실 앞에서 옷을 벗고 들어가는 경우가 많다. 부모가 옷을 벗고 욕실에 들어가면 아이들도 이걸 보고 배우게 된다. 아이들의 성교육을 위해서는 부모가 욕실에 들어가서 옷을 벗고 샤워하고, 끝난 후에도 욕실에서 옷을 입고 나오는 습관을 들여야 한다. 그걸 보면 아이들도 그대로 따라 하기 때문이다.

아빠가 팬티만 입고 거실에서 지내면 아들도 아빠의 모습을 보고 거실에서 팬티만 입고 지낸다. 엄마 입장에서는 다 큰 아들이 그러고 있으면 징그럽기도 하다. 반대인 경우도 있다. 지인이 딸만 둘인데 중학생이라 가슴이 어느 정도 나왔는데도 딸이 아빠 앞에서 상의를 벗고 다닌다고 했다. 그만큼 아빠가 편하기 때문이겠지만 이건 정말 잘못된 것이다. 가족이라 하더라도 성별이 다르기 때문에 서로 조심해야 하는 부분이 있다.

부모가 집에서 하는 모든 행동이 성교육이라고 생각하면 된다. 조금 불편해도 집에서 옷을 입고 있어야 한다. 그 모습을 보고 아이들도 자기 몸을 함부로 보여 주면 안 된다는 인식을 가지게 된다. 혹시라도 아이가 부모에게 상의를 탈의한 모습을 보여 주거나 팬티만 입은 모습을 보인다면 이렇게 말해 준다.

"아잉, 창피해요. 아빠도 우리 딸 팬티 입은 모습 보면 민망해."

어릴 때부터 교육이 잘된 우리 딸과 아들은 이런 이야기를 한다.

딸   아빠, 보지 마. 나 지금 바지 입을 거야. 이쪽 보지 말고 다른 쪽 보고 있어.

아들   엄마, 방에 들어가 있어. 나 옷 입어야 해.

우리 아이들은 아직 어린데도 자기 몸을 다른 사람에게 보여 주면 안 되는 걸 알고 있다. 남매끼리도 서로의 몸을 보는 걸 민망해하고 서로의 몸을 보면 안 된다는 것을 알고 있다. 7살 때부터 아이들에게 교육을 시킨 결과이다.

"

부모가 집에서 하는 모든 행동이 성교육이다.
아이들의 성교육을 위해서는
부모가 욕실에 들어가서 옷을 벗고 샤워하고,
끝난 후에도 욕실에서 옷을 입고 나오는 습관을 들여야 한다.

"

3

아이의 몸이 변하고 있어요
– 첫 몽정, 첫 생리

요즘 아이들은 부모들의 어린 시절과 정말 많이 다르다. 그래서 모든 게 빠르다. 중학교 때나 하겠지 하는 일들이 빠르면 초등학교 4학년인 아이가 하는 경우도 있다. 그래서 아이가 더 크기 전에 부모가 미리 알아야 것들에 대해 알려 주겠다. 바로 첫 몽정과 첫 생리이다.

첫 몽정

몽정은 아주 간단히 이야기하면 정액이 많아지고 가득 차서 음경으로 나오는 현상이다. 남자아이는 2차 성징기에 들어서면 정액을 만들 수 있는 몸이 된다. 귀여운 아들이 이제 아이의 아빠가 될 수 있다는 말이다.

2차 성징기에는 아들의 신체가 정말 많이 변한다. 몸에서 털이 나기 시작하고, 수염도 나고, 목소리고 굵어진다. (애기같이) "엄마" 하던 목소리가 (동굴소리로) "엄마" 하면 아들이 사랑스럽지만 한편으로는 징그럽기도 하다. 대단한 건 2차 성징기에는 하루에 정자를 1억 마리까지 만들 수 있다는 것이다. 아들은 이제 귀여운 아이가 아니라 진정한 남자가 된 것이다.

강의할 때 한 어머니가 이런 질문을 했다.

"하루에 1억 마리를 만들면 1개월이면 30억 마리인데 우리 아들 어떡하죠?"

"그러게요. 1개월에 30억 마리를 계속 고환에 간직하면 정말 무겁고 힘들지 않을까요?"

다행히도 남자의 몸은 1억 마리의 정자를 만들면서 자연스럽게 쌓이지 않도록 배출을 한다. 하지만 완벽하게 다 나가지 않은 정자는 결국 쌓이게 되고, 잠을 자다가 자기도 모르게 배출이 된다. 이게 바로 몽정이다.

나는 중학교 때 첫 몽정을 했다. 그리고 군대에서도 몽정을 했다. 너무 개인적인 이야기여서 부끄럽지만 남자들은 정액을 배출하지 않으면 몽정을 하게 되는 걸 내 몸으로 경험했다. 몽정은 성인이 돼서도 할 수 있다.

이런 이야기를 하면 꼭 이렇게 질문하는 어머니가 있다.

"몽정할 때는 야한 생각을 하는 거 맞죠? 그래서 몽정하는 거죠?"

이 질문은 맞기도 하고 틀리기도 하다. 이유는 간단하다. 요즘 아이들은 빠르면 5학년에 첫 몽정을 하기도 한다. 그렇게 어린 아이가 야한 꿈을 꾸고 몽정을 할 수 있을까? 꼭 야한 꿈을 꾼다고 몽정을 하는 건 아니다. 말 그대로 몸속에 정자가 계속 쌓이게 되면 자기도 모르게 무의식 상태에서 정액이 나오기 때문이다. 그러므로 아들이 몽정을 했다고 이상하게 보면 절대 안 된다.

몽정은 대부분 중학생이 되면 하는데 아주 자연스러운 현상이기 때문에 미리 부모가 아이에게 알려 줘야 한다. 몽정이라는 걸 모르면 아이가 첫 몽정을 했을 때 정말 당황한다. 부끄러워서 부모에게 말도 하지 못하고 숨기려고 한다.

대부분의 아이는 이렇게 생각한다.

"내가 지금 몇 살인데 팬티에 오줌을 싼 거야. 이거 오줌 맞지? 그런데 왜 끈적끈적하지?"

"이게 뭐지? 이게 뭐야? 진짜 모르겠다."

부모님한테 혼날까 봐, 혹은 창피해서 팬티를 쓰레기통에 버리는 아이도 있다. 몽정이라는 걸 전혀 모르기 때문이다. 사실 나도 그랬다. 이게 뭔지 몰랐다. 그러므로 아이가 10살쯤 되면 부모가 너무 다 설명하려고 하지 말고 쉽게 천천히 이야기해 주면 된다.

몽정을 하기 전에는 전조 증상이 있다. 빨래를 하려는데 아들 팬티에 아주 조금 뭔가 묻어 있는 경우가 있다. 이게 바로 전조 증상이다. 이걸 보면 아들이 몽정을 할 수도 있겠다고 생각해야 한다.

팬티에 묻어 나오는 건 정액인데 양이 아주 적다. 팬티에 아주 살짝 묻어서 이게 뭐지라고 생각할 정도의 양이다. 정확한 명칭은 '유정'이다. 유정은 자기도 모르게 나오는 정액을 말한다. 이런 상황이 되면 아이에게 몽정에 대해서 이야기해 주어야 한다.

아들의 몽정은 같은 남자인 아빠가 해 주는 게 좋다. 물론 엄마가 해 주어도 상관은 없지만 같은 남자인 아빠가 설명하면 아이가 더 빨리 이해할 수 있다. 아들이 초등학교 들어가서 3학년쯤 되었을 때 몽정에 대해서 이야기해 주면 된다. 아빠가 아들과 같이 목욕을 할 때나 아들과 같이 소변을 볼 때 자연스럽게 이야기하는 게 좋다.

"아들아, 나중에 네가 더 크면 소변이 나오는 곳에서 슬라임 같은 게 나올 때가 있어."

"네가 잠을 자다가 팬티에 뭔가 묻을 수도 있어. 그게 몽정이라고 하는 건데…."

"놀라지 않아도 돼. 내가 이제 어른이 되는구나. 나도 이제 아이를 가질 수 있는 몸이 되었구나 하고 생각하면 돼."

이런 식으로 말해 주면 아들이 나중에 몽정을 했을 때 당황해하거나 부끄러워서 부모에게 숨기지 않는다. 아들에게 몽정을 하게 되면 당황하지 말고 부모에게 도움을 요청하거나, 욕실에 가서 몸을 잘 씻고 새 팬티로 갈아입고, 몽정이 묻은 팬티는 물에 잘 씻으면 된다고 이야기해 준다. 마지막으로 아이에게 아빠도 학교 다닐 때 그랬으니까 너무 부끄러워하지 마라는 조언도 꼭 해 준다.

만약 아이가 중학생이 되고 고등학생이 되어도 몽정을 하지 않는다면 결론은 딱 하나다. 아이가 자위를 하고 있다는 것이다. 아이가 몽정을 하기 싫어서 자위를 한다고 생각하면 된다. 아주 자연스러운 증상이기 때문에 모른 척 넘어가면 된다.

"아이가 몽정을 했을 때 부모가 뭘 해 줘야 할까요?"

이런 질문을 하는 부모가 많다. 예전에 방송에서 배우 강성진 씨가 아들이 첫 몽정을 했을 때 몽정 파티를 했다. 그 장면을 보고 아들이 첫 몽정을 했을 때 파티를 했던 부모들이 있다. 온 가족이 모이고 심지어 친척들까지 불러서 아들의 첫 몽정 파티를 열어 주었다. 케이크와 함께 가족들이 준비한 선물도 주고 축하 노래까지 불렀다.

"첫 몽정 축하합니다. 첫 몽정 축하합니다!"

그런데 다음 날 파티의 주인공이었던 아이가 가출을 했다.

너무 극단적인 이야기라고 생각하겠지만 실제로 있었던 일이다. 사춘기인 아들에게는 몽정 파티가 너무 창피하고 수치심이 들었던 것이다. 그래서 가출해서 친구 집에 있다가 이틀 후에 돌아왔다.

나는 개인적으로 몽정 파티는 하지 않았으면 한다. 이유는 간단하다. 아무리 자연스러운 일이고 누구나 한 번쯤은 겪는 일이라 하더라도 아이 입장에서는 좀 창피할 것이기 때문이다. 내 음경에서 정액이 나온 걸 온 가족이 다 아는 것은 좀 부끄럽지 않을까? 부모 입장에서는 아들이 첫 몽정을 하는 게 신기하기도 하고 기쁘기도 하겠지만 그냥 아무렇지 않게 넘어가는 게 좋다고 생각한다.

첫 생리

첫 생리를 초경이라고 한다. 초경은 처음으로 하는 월경을 말한다. 그럼 월경은 뭘까?

월경은 여성의 자궁에서 매달 발생하는 출혈 현상으로 임신이 이루어지지 않았을 때 자궁 내막이 탈락하여 몸 밖으로 배출되는 현상이다. 쉽게 말하면 이제 아이를 가질 수 있는 몸이 되었다는 것이다.

그럼 초경은 언제 할까? 몽정도 그렇지만 요즘 아이들은 빨라서 만 11~12세 정도에 초경을 한다. 늦어도 중학생 시기에 하는데 만 16세가 되었는데도 초경을 하지 않을 경우에는 산부인과에서 진료를 받아야 한다.

아이가 또래에 비해서 키가 크거나 체중이 많이 나가면 생리를 일찍 할 수 있다. 초경은 늦게 시작하는 것보다 너무 빨리 할 경우 더 염려가 된다. 요즘은 초등학교 5, 6학년 아이의 경우 키가 145cm가 넘고 체중이 40kg 이상이면 초경을 시작해도 문제가 되지 않는다.

초경을 하기 전에도 전조 증상이 있다. 우선 가슴에 멍울 같은 게 잡힌다. 아이가 가슴 쪽에 통증을 이야기하면 한 번 만져 보는 게 좋다. 그때 멍울 같은 게 만져지면 아이가 머지않아 초경을 하겠구나 하고 생각하면 된다.

아들이 몽정하기 직전에 팬티에 정액이 아주 조금씩 묻어 있듯이 딸도 초경하기 직전에 속옷에 하얀색 분비물이나 냄새가 나는 냉이 묻는다. 이 시기에는 딸도 2차 성징으로 몸에서 털이 나기도 하고 여드름이 생기기도 한다. 그래서 딸한테 2차 성징이 나타나기 전에 먼저 이야기해 주어야 한다. 지금 어른이 되기 시작하는 시기여서 변화가 있다는 것을 미리 알려 주면 아이가 당황하지 않을 수 있다.

이런 성교육을 받지 못한 상태에서 갑자기 속옷에 피와 갈색 분비물이 나오면 아이는 정말 당황한다. 부끄러워서 부모에게 말도 하지 못하고 혼자 '나 혹시 죽을병에 걸린 건가?', '죽기에는 아직 너무 어리다.'라며 고민하기도 한다. 그러다가 제일 친한 친구에게 물어보고, 그제야 자기가 초경을 한다는 걸 알게 된다. 아이가 갑자기 놀라지 않도록 부모가 꼭 먼저 알려 주어야 한다.

초경은 엄마가 설명해 주는 게 좋다. 엄마가 딸에게 이건 생리라는 건데 자연스러운 현상이고, 네가 건강한 숙녀가 되고 있는 증거라고 말해 준다. 이제 너도 엄마가 될 수 있는 몸이라고 이야기해 주며 생리에 대해서도 알려 준다. 생리대를 직접 보여 주며 1개월에 한 번씩 1주일 정도 피가 나오게 되는데, 그때는 생리대를 사용하면 된다고 설명해 주면 좋다.

"생리대는 네가 어릴 때 차던 기저귀 같은 거야. 생리대를 차면 평소처럼 활동할 수 있어. 그러니 겁먹지 마."

생리의 양에 따라서 소형, 중형, 대형 생리대를 나눠 사용하면 된다는 것과 생리대를 속옷에 착용하는 방법, 사용한 후에 버리는 방법까지 설명해 준다. 그리고 작은 파우치에 생리대를 넣고 다니는 것도 알려 준다.

생리할 때 몸에 나타나는 증상에 대해서도 엄마가 느끼는 대로 아이에게 설명해 준다. 유전자가 같아서 생리할 때 엄마가 느끼는 증상을 딸도 비슷하게 느낄 수 있다. 이때 엄마가 대처 방법을 설명해 주면 딸에게 도움이 된다. 우리 아내는 생리 때 무조건 초콜릿을 먹는다. 남자인 나는 잘 모르지만, 초콜릿을 먹기 위해서 생리를 하는 것처럼 보일 때도 있다. 진짜 많이 먹어서….

마지막으로 딸에게 학교에서 갑자기 생리를 하는 것에 대비해서 생리대를 미리 준비하도록 가르쳐 주고, 혹시 준비가 안 됐는데 생리를 하게 될 경우 겁먹지 말고 선생님에게 이야기하라고 설명해 준다. 여자라면 이런 일이 있으면 정말 당황하게 되는데 엄마도 그랬다고 공감해 주면서 누구나 자연스러운 현상이고, 초경을 하는 건 건강한 여자가 되고 있다는 증거이니 부끄러워하지 말라고 말해 준다.

66

사춘기 시절에 당황했던 기억들, '이게 뭐지?'라고
고민하고 걱정했던 순간들을 아이와 공유하자.
우리 아이는 그런 난처한 상황을 겪지 않도록 미리 알려 주자.

99

4

인터넷 게임에서
수상한 교제가 시작돼요

요즘 아이들은 게임을 하다가 이성 교제를 하는 경우가 많다. 초등학교 고학년이 되면 PC방에 가서 친구들과 게임을 하기도 한다. 그런데 왜 게임을 하다가 이성 교제를 하게 되는 걸까?

"아이가 게임에 빠져서 게임을 많이 하는 게 걱정이에요."

이런 생각을 하는 부모가 많을 것이다. 맞다. 게임에 빠지는 아이도 문제지만, 그 게임 안에서 어떤 일이 벌어질지를 알면 부모 입장에서는 정말 충격을 받을 수도 있다.

예전에는 게임만 했는데 요즘 아이들은 채팅을 하기 위해서 게임을 하기도 한다. 그런데 이게 문제다. 채팅을 하면서 서로 비방하고 음란한 이야기를 하기 때문이다. 더구나 미성년자인 줄 알면서 이성 교제를 원하는 어른들도 있다.

우리 아들은 브롤스타즈라는 게임을 한다. 친구들하고 채팅을 하면서 게임을 즐긴다. 왜 그러냐고 물어보니 이렇게 말했다.

"친구가 말을 걸어. 그리고 채팅하면서 하면 더 재미있어."

게임을 할 때 친구랑 이야기하면서 하면 더 재미있는 건 사실이다. 하지만 게임을 친구와 할 때도 있지만 모르는 사람과 할 때도 있다. 게임을 하다가 모르는 사람에게 채팅을 요청받고 재미있게 하고 나면 자연스럽게 친구가 되어서 친구등록을 하는 경우가 있다.

어른들은 조금 이야기를 나눠 봤을 때 '이 사람이 좀 이상하구나.' 하고 느끼면 자연스럽게 관계를 끊으면 되는데 아이들은 이런 점을 잘 알아채지 못하기 때문에 친구등록을 끊지 못하고 계속 인연을 이어 간다. 친구등록을 했기 때문에 게임에 접속하면 자연스럽게 누가 들어왔는지 알게 되고 채팅을 하게 된다.

게임은 서로 만나서 하는 게 아니고 가상공간이기 때문에 나이와 상관없이 친구, 동생, 형, 누나, 오빠가 되는 경우가 많다. 실제로 우리 아들이 누나라고 표현하는 사람의 나이는 30살이 넘은 여자였다. 나도 게임을 할 때 처음에는 상대가 누군지 모르고 하다가 뒤늦게 초등학생인 걸 안 적도 있다. 게임 공간이 그렇다.

세상 모든 사람이 다 착하고 친절하면 좋겠지만, 나쁜 사람들은 어디에나 있다. 게임 아이디만 봐도 이상한 아이디가 많다. 여친 구함, 남친 구함, 혹은 투자하실 분, 재워 드립니다, 가출하자 등 청소년들이 보면 알 만한 내용으로 아이디를 만드는 사람들도 있다.

채팅 속 단어들도 무척 심각하다. 채팅 내용을 보면 '초등학생들이 이런 단어를 쓸 수 있나?'라는 생각이 들 정도이다. 흔히 말하는 일베 용어도 정말 많이 사용한다. 이런 걸 게임을 하면서 아이들이 보게 되면 자연스럽게 흡수하게 된다. 채팅에서 쓰는 단어를 일상생활에서도 쓰면 주변 친구들에게도 자연스럽게 퍼지게 된다. 그래서 아이에게 교육을 확실히 시키고 게임을 하게 해야 한다.

게임을 하다 보면 성범죄에 노출되는 경우가 있다. 이런 사건이 있었다. 중학생인 여학생이 게임을 하다가 친해진 오빠가 있는데 40대 회사원이었다. 여학생은 게임을 하며 그 오빠와 친해졌고 게임 아이템을 선물해 주는 그 오빠에게 고마움을 느끼게 되었다. 그렇게 1년 정도 지난 뒤 그 오빠가 게임 아이템을 선물해 주면서 말했다.

"나 오늘 생일인데 생일 선물로 네 사진 보내 줘."

여학생은 1년 동안 자기한테 선물도 주고 잘해 준 오빠에게 사진을 찍어서 보내주었다. 그런데 점점 더 많은 사진을 요구했다.

"네 얼굴하고 가슴도 같이 찍어서 보내 줘."

"네 허벅지 찍어서 보내 줘."

1년 동안 자기한테 잘해 준 사람이어서 여학생은 이게 가스라이팅인지도 모르고 사진을 보내주었다. 결국 그 오빠는 그 사진을 이용해서 여학생을 협박하기 시작했다.

"너 지금 나 안 만나면 이 사진들 이상한 곳에 뿌릴 거야."

이런 협박으로 그 남자는 여중생을 성폭행했고 그렇게 1년 동안 협박과 가스라이팅을 하며 여학생에게 피해를 주었다. 결국 여학생은 가출까지 했고, 그 남자는 나중에 부모의 신고로 미성년자 성폭행 혐의로 교도소에 가게 되었다.

또 하나의 사건은 남자 초등학생이 게임을 하다가 채팅으로 알게 된 고등학교 형에게 역시 자신의 노출 사진을 보내주었다. 고등학생 형은 그 사진으로 초등학생을 협박해서 돈을 뜯어냈다.

이런 디지털 성범죄 사건이 생각보다 많이 발생한다. 왜냐하면 대부분의 아이가 게임을 하기 때문이다. 그래서 아이가 게임을 시작하기 전에 부모의 교육이 정말 필요하다. 아이에게 게임을 하면서 일어날 수 있는 디지털 성범죄를 예방하는 방법을 알려 주어야 한다.

첫째, 채팅창을 끄고 게임을 하게 한다.

게임을 할 때는 게임에만 집중하라는 의미로 채팅창을 끄고 하게 한다. 설정에 들어가면 채팅창을 열지 못하게 할 수 있다. 그리고 쪽지도 오지 못하게 설정한다. 친구등록이나 친구추천도 역시 하지 못하게 설정한다. 아이가 왜 이걸 막느냐고 하면 앞에서 이야기했던 디지털 성범죄 사례를 이야기해 준다.

둘째, 게임은 게임일 뿐이니 게임만 하게 한다.

게임을 할 때는 게임만 하면 된다. 게임 속에서 알게 된 사람들을 만나거나 채팅을 하면 안 된다는 걸 알려 준다. 게임은 게임일 뿐이니 게임 속에서 내 사진을 보내라든가 내가 사는 곳 혹은 나의 정보를 알려 달라고 하는 사람은 무조건 차단시키는 방법을 알려 준다.

　요즘 디지털 성범죄가 많이 발생하고 있다. 어른들도 피해를 당하지만 특히 아직 판단력이 없는 아이들이 디지털 성범죄에 많이 희생되고 있다. 부모가 미리 교육을 해서 예방할 수 있게 도와주면 아이들은 게임을 하더라도 앞으로 일어나는 일에 현명하게 대처할 수 있다.

"

세상 모든 사람이 다 착하고 친절하면 좋겠지만.
나쁜 사람들은 어디에나 있다.
아이가 한 번도 본 적 없는 사람과 사귀고 있다고 한다.
내 아이에게 대체 무슨 일이 일어나고 있는 걸까?

"

5

성 고정관념에서
벗어나세요

성교육을 하면서 흔히 쓰는 말이지만 다시 생각해 봤으면 하는 단어가 있다. 바로 '남자답게', '여자답게'이다. 나는 남자로 살다 보니까 왜 이런 고정관념에서 탈출하지 못하는 것인지, 남자로 산다는 게 이해가 안 되는 부분이 있다. 개인적으로는 남자로 산다는 게 참 힘들다고 생각한다.

성교육을 하는 부모 입장에서는 자기가 남자로 혹은 여자로 살아온 경험들을 이야기한다. 하지만 자기도 모르는 고정관념으로 아이에게 또 다른 고정관념을 심어 주는 게 아닐까라는 생각이 들기도 한다.

먼저 내가 남자이기 때문에 남자 이야기를 하겠다. 남자는 엄마 뱃속에 있을 때부터 병원에서 이런 말을 듣는다.

"파란색 옷을 준비해야 할 것 같아요."

왜 파란색이지? 남자라고 태어나기도 전에 색깔을 지정해 주는 것이다. 모든 남자는 파란색을 좋아한다는 고정관념이다. 이처럼 남자는 태어나기도 전부터 남자로 만들어지고 있다.

만약 딸이면 병원에서 이런 말을 한다.

"분홍색 옷을 준비해야 할 것 같아요."

이처럼 여자도 태어나기도 전부터 색깔이 정해진다.

참고로 나는 분홍색을 좋아한다. 초등학교 다닐 때 실제로 분홍색 이불을 사용했고 성인이 되어서도 분홍색 옷을 좋아한다. 청바지나 검정색 슬랙스에 분홍색 상의를 입으면 정말 잘 어울린다. 그런데 남자아이가 분홍색 옷을 입으면 어른들은 이런 말을 한다.

"남자가 무슨 분홍색이야. 사나이가 될 건데 어두운 색 입어."

그런데 남자는 분홍색 좋아하면 안 되는 건가? 남자가 분홍색을 좋아하면 법적으로 문제가 있나? 그런 것 전혀 없다. 우리의 고정관념일 뿐이다.

나는 어린 시절에 인형놀이와 고무줄놀이도 좋아했다. 여자친구들하고 소꿉놀이 하는 것도 좋아했다. 그렇게 놀고 있는 나를 보고 어른들은 이런 말을 했다.

"남자가 그런 거 하면 안 돼. 계집애도 아니고 그런 거 하지 마."

정말 충격적인 말도 들었다.

"너 분홍색 옷 입으면 고추 떨어진다."

그런데 분홍색 옷을 아무리 입어도 절대 음경은 떨어지지 않는다. 아주 잘 붙어 있다.

오래전부터 남자들은 칼싸움, 공놀이, 로봇, 총싸움 같은 남자다운 놀이를 해야 하는 것으로 알려져 있다. 남자는 어릴 때부터 남자다움을 강요받는다.

나는 우리 아이들에게 남자가 하는 놀이, 여자가 하는 놀이를 따로 알려 주지 않았다. 그래서 자연스럽게 자기가 좋아하는 놀이를 하게 두었다. 그래서 우리 아이들은 같이 공놀이도 하고, 소꿉놀이도 하고, 인형놀이도 하고, 칼싸움도 한다. 색깔도 남자, 여자가 좋아하는 색보다 아이들이 좋아하는 색을 존중해 주고 다양한 색을 추천해 준다.

하지만 부모가 열심히 노력해도 유치원이나 친구들 때문에 남자, 여자가 하는 놀이가 점점 정해졌다. 그래도 부모의 노력 덕분에 우리 아이들은 남자, 여자 친구들하고 잘 어울리면서 다양한 놀이를 한다.

내가 초등학생일 때 여자친구와 싸운 적이 있었다. 짝궁이었던 여자친구가 내 지우개를 몰래 가져갔다. 그래서 지우개를 달라고 하니까 그 아이가 소리를 치면서 내 뺨을 때렸다. 나도 화가 나서 그 아이를 밀었다. 너무 어린 나이여서 감정 조절이 되지 않았다. 그때 선생님이 했던 말이 아직도 기억이 난다. 선생님은 전후 사정을 알아보지도 않고 나를 혼냈다.

"어디 남자가 여자를 때려."

남자는 여자를 보호해야 할 존재인데 왜 여자를 때리느냐는 것이었다. 내 이야기는 들어 보지도 않고 남자는 여자를 때리면 안 된다는 말만 했다.

내가 욕을 더 많이 먹어도 남자니까 참아야 하고, 내가 더 많이 폭행을 당했는데도 남자라서 참아야 했다. 코에서 코피가 나도 남자가 참아야 하는 걸까? 너무 억울했다. 그래서 남자로 사는 게 참 힘들었다. 그때 선생님은 "남자는 여자를 때리면 안 돼."라는 말 대신 "사람은 사람을 때리면 안 돼. 사람은 사람에게 폭력을 사용하면 안 돼."라고 했어야 한다.

이 문제는 남매를 키우는 집에서 정말 중요하게 생각해야 할 부분이다. 남매를 키우다 보면 서로 싸우고 때리곤 한다. 그때 아들을 혼내는 경우가 많다. 여자가 무슨 힘이 있냐고, 남자가 참아야 한다고 훈육한다. 그런데 여기서 본질은 폭력이다. 폭력을 쓰면 안 된다고 하는 게 정답이다.

데이트 폭력에서 쌍방 폭행을 하는 경우가 있는데 이때도 '남자가 어떻게 여자를 때리느냐?'라는 시선으로 본다. 물론 신체적으로 남자가 힘이 세기 때문에 여자가 때리는 것과 비교하면 강도 면에서 차이가 크다. 하지만 함께 싸웠는데 때리는 남자아이만 혼내는 식으로 교육을 하면 자칫 여자는 남자를 때려도 괜찮고, 남자는 여자가 때리면 그냥 맞아야 하는 거라고 생각할 수 있다.

그러므로 이제는 이런 고정관념을 깨야 한다. 남자는 여자를 지켜주는 존재가 아니다. 드라마나 영화에 나오는 장면이 정답이라고 생각하지 마라. 남자, 여자가 아니라 내가 사랑하는 사람을 지켜주는 것이다. 아이들이 서로 때리며 싸우면 이렇게 말하자.

"사람은 사람을 때리면 안 돼."

내가 중학생 때 친구들이 이런 말을 많이 했다.

"진정한 남자가 되려면 야동을 봐야 해. 너도 본 적 있지?"

나는 왜 야동을 봐야 진정한 남자가 되는 건지 이해할 수 없었다.

"너, 해 봤니? 섹스해 봤어?"

이런 식으로 남자라면 꼭 해야 하는 것처럼 이야기한다. 나는 야동을 보고 성관계를 해야 남자로 인정해 주는 것도 이해가 되지 않았다.

내가 남자로 살아 보니 남자들만 있으면 대부분 여자 이야기를 한다. 남자가 여자에 대해서 관심이 있는 건 나쁘지 않다. 하지만 여기에서 잘못된 건 꼭 야한 이야기, 즉 섹드립을 한다는 것이다. 그런 이야기를 나누면서 서로 친해진다. 야한 이야기를 유머라고 생각하면서 이야기하는 경우도 있다.

그렇다면 모든 남자는 다 야한 이야기를 좋아하는 걸까? 절대 아니다. 물론 야한 이야기를 좋아하는 남자들도 있다. 하지만 야한 이야기를 불편해하는 남자들도 있다. 그래서 남자면 모두 야한 이야기를 좋아할 거라는 착각은 버려야 한다.

남자 성추행 사건

내가 잠깐 일했던 회사에서 이런 일이 있었다. 그 회사는 여자 직원에 대한 성희롱 사건이 자주 발생해서 회사 사장이 이를 아예 차단하기 위해 여자 직원을 채용하지 않았다. 한마디로 펜스룰을 친 것이다.

펜스룰이란 '성추행 등 문제가 될 수 있는 행동을 사전에 방지하기 위해 아내 외의 여성들과는 교류를 하지 않겠다.'는 의미를 담고 있다.

이렇게 펜스룰을 치면 직장에서 성희롱이 발생하지 않을까? 절대 그렇지 않다. 내가 그 회사를 다니면서 문제로 느낀 건 '남자니까 당연히 야한 이야기를 좋아할 거야.'라는 고정관념이었다.

회사에 여자가 없고 남자만 있으니까 야한 농담을 더 많이 하기 시작했다. 그게 잘못된 거라고 생각하지 않고 유머라고 했다. 회식을 하면 마르고 피부가 뽀얀 남자 직원을 한 명 정해 여자 직원이라고 생각하면서 같이 춤을 추고 술을 따르게 하고 성희롱을 했다.

당한 남자 직원은 이를 공론화했는데 정말 무서운 건 회사 직원들의 반응이었다.

"남자끼리 장난 친 거 가지고 뭘 성희롱이야?"

결국 그 직원은 회사를 그만 두었다.

이런 상황에 대해 남자들은 많이 공감할 것이다. 군대에서도 남자만 있다 보니 한 명을 여성화시켜서 성희롱을 하는 경우가 있다.

또한 남자들은 성 경험을 서로 경쟁하는 게임 같다고 느낀다. 남자다움을 과시하기 위해서 이런 표현을 쓰곤 한다.

"너는 여자랑 몇 번 해 봤니?"

남자들은 이런 식으로 성 경험을 자랑처럼 이야기하고 물어본다. 성 경험이 많으면 많을수록 대우해 주고 부러워한다. 성 경험이 없으면 불쌍하게 보고 조롱하기도 한다.

왜 남자들은 성 경험으로 사람을 판단하는 건지 정말 이해하기 힘들다. 이렇게 되면 잘못된 성지식을 갖게 된다. 성 경험이 많아야 한다는 착각을 하게 되기 때문이다. 중요한 건 성 경험의 횟수가 아니라 올바른 성 경험이고 정말 사랑하는 사람과 하는 것이다. 많은 사람과 성 경험을 하는 게 대단한 거고 사랑하지도 않는 사이에서 성 경험을 하는 걸 자랑이라고 생각하는 고정관념을 바꿔야 한다.

특히 남자들은 화장실에서 소변을 볼 때 정말 남자다움을 강요한다. 아는 사람과 같이 소변을 보면 그들만의 리그가 시작된다. 서로의 음경이 크고 작고의 리그이다. 옆 사람의 음경을 보면서 자기보다 크면 "아이고, 나보다 형님이셨네요. 몰라 봐서 죄송합니다."라고 하고, 자기보다 작으면 "요놈, 아직 꼬맹이네. 앞으로 나한테 형님이라고 불러."라며 조롱하곤 한다.

왜 이런 걸 가지고 남자다움을 강요하는지 모르겠다. 실제로 이런 일이 학교에서 자주 일어난다. 그런데 이런 상황을 불편하게 생각하는 아이들도 있다. 하지만 옆에서 친구들이 다 웃으니까 불편해도 유머이고 장난이라고 생각하게 된다. 그렇게 성장한 아이들은 어른이 되어서 회사를 다닐 때도 똑같은 방식으로 장난을 한다.

실제로 한 회사에서 이런 일이 있었고, 성희롱으로 신고된 사례가 있다. 가해자에게 물어보니 이렇게 말했다.

"남자끼리 하는 장난이잖아요. 어릴 때 했던 농담인데 이게 뭐가 잘못된 건지 모르겠어요."

이처럼 어릴 때 제대로 성교육을 받지 못하면 자라서 자기도 모르게 성폭력 가해자가 될 수 있다.

그래서 부모가 아이들에게 성교육을 할 때는 고정관념에서 벗어나야 한다. 그러려면 공부를 해야 한다. 지금부터 아주 간단한 퀴즈를 내겠다.

문제

친구집에서 밥을 먹었는데 장조림 반찬이 무척 맛있었다. 그래서 친구한테 말했다.
"너희 엄마 요리 진짜 잘한다."
여기에서 무엇이 잘못된 걸까?

정답을 찾았다면 성평등 인식을 가지고 있는 부모이다. 하지만 뭐가 잘못 되었는지 찾지 못했다면 성평등 인식이 부족한 부모이다.

정답은 장조림 반찬을 엄마가 만들었다고 생각한 부분이다. 아빠가 장조림을 만들었을 수도 있으니 말이다. 아빠가 엄마보다 요리를 더 잘할 수 있다. 그런데 아직까지는 대부분 엄마가 요리를 한다고 생각한다.

부모들이 아이를 키울 때 집에서 여자가 하는 일, 남자가 하는 일을 자기도 모르게 정해 주는 경우가 있다. 사실 아이들은 집에서 부모가 하는 역할을 보고 그대로 배운다.

내가 어릴 때 우리 집은 엄마가 주방에서 음식을 만들고, 집 청소를 하고, 아빠는 소파에서 텔레비전만 보았다. 그 시절에는 일반적인 부모의 모습이었다. 하지만 요즘은 정말 많이 바뀌고 있다. 맞벌이 부부가 많고 같이 일을 하는데 여자만 요리를 한다고 생각하는 건 분명히 잘못된 것이다.

'맞벌이 부부라면 남편이 집안일을 도와주어야 한다.'는 말도 잘못되었다. 남편이 도와주는 게 아니라 함께 해야 하는 것이기 때문이다. 우리 집 일인데 왜 도와주어야 하는 건가? 이런 고정관념을 버려야 서로 집안일을 더 행복하게 잘할 수 있다.

이렇게 말하면 강하게 항의하면서 억울해하는 남자들도 있다.

"남편이 돈 벌고 아내는 집에만 있는데도 집안일을 해야 하나요?"

그런데 반은 맞고 반은 틀리다. 남편은 돈을 벌고 아내가 집안일을 하는 것으로 서로 합의를 했다면 맞다. 서로 자기가 잘할 수 있는 일을 선택했기 때문이다. 만약 아내가 남편보다 더 돈을 많이 벌 수 있다면 아내가 돈을 벌고 남편이 집안일을 하면 된다. 꼭 남자가 돈을 벌고 아내가 집안일을 해야 한다는 고정관념을 버려야 한다.

아내가 집에 있다고 해서 일을 하지 않는 게 아니다. 집안일을 안해 본 사람들은 오해할 수 있지만, 한 번이라도 집안일을 해 보면 그런 말이 안 나온다. 육아까지 한다면 정말 대단한 일을 하는 것이다.

나는 우리 아이들에게 집안일은 자기가 잘할 수 있는 걸 하는 거라고 알려 준다. 실제로 나는 화장실 청소를 잘한다. 학창 시절부터 화장실 청소를 많이 해서 그런 것 같다. 나도 주방 일을 하고 싶은데 아내가 나보다 더 요리를 잘한다. 그래서 나는 설거지를 한다. 청소도 내 집이니 치워야 할 게 보이면 바로 한다. 이런 모습을 아이들에게 보여 주어서 우리 아이들도 집에서 성평등을 실천하고 있다. 그래서 여자가 하는 일, 남자가 하는 일이 아니라 함께 해야 하는 일로 생각한다.

남자 둘

여자 둘이 팔짱을 끼고 다니는 것은 이상하게 보지 않는다. 하지만 남자 둘이 팔짱을 끼고 다니면 이상하게 본다. 여자 둘이 손잡고 다니면 사이가 좋아 보여서 '절친인가 보다.'라는 생각을 한다. 하지만 남자 둘이 손잡고 다니면 '남자끼리 무슨 손을 잡아. 혹시 홍석천이랑 같은 성향인가?'라고 생각한다.

이 이야기는 내가 개그 프로그램에서 만든 코너의 내용이다. 직접 경험한 상황에서 아이디어를 얻었다. 정말 친한 남자 동료하고 영화를 보러 갔는데 커플석밖에 없다고 했다. 그래서 아무런 생각 없이 커플석에서 남자 둘이 영화를 보았다. 그런데 주변 사람들이 우리를 이상하게 보았다. 커플석에는 남녀 커플, 여자 둘인 경우도 있었는데 왜 남자 둘만 이상하게 본 것일까?

정말 남자로 사는 게 힘든 이유 중 하나다. 실제로 주변을 둘러보면 여자 둘이 하면 괜찮은데 남자 둘이 하면 이상한 게 너무 많다. 남자 둘이 손잡고 벚꽃놀이를 가면 이상하게 본다. 남자 둘이 도시락 싸 가지고 오는 것도 이상하게 본다. 남자 둘이 이어폰을 하나씩 끼고 음악을 들으면 이상하게 본다. 우정을 나눈 것뿐인데 왜 이상하게 보는 건지 이해하기 힘들다.

아이들도 자라면서 자연스럽게 여자끼리, 남자끼리 놀게 된다. 초등학교 고학년이 되면서 이런 현상이 많아진다. 물론 자연스러운 일이다. 아무리 성평등 교육을 한다 해도 동성끼리 더 친해지는 건 어쩔 수 없다. 그런데 여자끼리 놀 때는 이렇게 해야 한다, 남자끼리 놀 때는 이렇게 해야 한다는 고정관념은 버려야 한다.

내가 생각하기에 가장 이상하게 보이는 건 화장실에 갈 때 동행하는 것이다.

"나 화장실 갈 건데 너도 화장실 갈래?"

여자가 이렇게 말하면 아무도 이상하게 생각하지 않는다. 그런데 이게 남자라면 정말 이상하게 볼 것이다. 동성애자로 오해하는 사람도 있을 수 있다.

남자들은 사회에 나오면 더 남자다움을 강요받는다.

"넌 남자니까 무조건 돈을 벌어야 해."

"넌 남자니까 무조건 안정적인 직장을 잡아야 해."

"넌 남자니까 무조건 처자식을 먹여 살려야 해."

부모가 어릴 때부터 이런 이야기를 하면 아이는 책임감 때문에 자기의 꿈도, 적성도 모두 포기하고 남자니까 자신이 희생해야 한다는 생각을 하게 된다. 남자들은 이렇게 해야만 결혼을 할 수 있고 가정을 이룰 수 있다고 생각하게 된다.

남자들은 모두 스포츠를 좋아한다는 생각도 버려야 한다. 남자들도 드라마를 좋아할 수 있다. 실제로 내 주변 남자들 중에는 야구나 축구를 보지 않고 드라마만 보는 사람이 있다. 남자도 키티 인형을 좋아하고 산리오 캐릭터를 좋아할 수 있다. 남자라고 꼭 PC방이나 당구장을 좋아하지 않는다. 나는 예쁜 카페에 가는 걸 좋아한다. 거기에서 사진 찍는 것도 좋아한다.

남자라는 이유만으로 남자가 하지 말아야 할 것은 없다. 남자들도 화가 나면 울 수 있다. 여자만 우는 게 아니다. 난 드라마를 보면서 눈물을 흘린다. 그런 모습을 봐도 우리 아이들은 아주 자연스럽게 생각한다. "무슨 남자가 티비 보면서 눈물을 흘려."가 아니라 "우리 아빠는 감수성이 풍부하구나."라고 생각하면 된다.

대부분의 남자는 집에서 과묵하다. 실제로 말이 없는 남자가 많긴 하다. 남자들끼리 있으면 서로 핸드폰만 보는 경우도 많다. 하지만 내 주변 남자들 중에는 수다 떠는 것을 좋아하는 사람도 있다. 그렇다고 해서 여성스러운 건 아니다. 내가 아는 여자들 중에도 과묵한 여자가 있다. 정말 깊이 생각해 볼 부분이다.

'남자답게'가 아니라 '나답게'가 중요하다. 성별과 관계없이 서로의 개성을 존중해 주는 것이 진정한 남자의 모습이 아닐까. 더 이상 남자라는 이유만으로 자기 자신을 가두면 안 된다.

강의를 다니다 보면 남자와 여자의 갈등이 심각한 경우가 있다. 물론 극소수이지만 이런 학생들이 대학교에 가게 되면서 남녀 혐오 현상이 생기기 시작한다.

어떤 남자는 여자와는 아무 일도 하지 않으려고 한다. 이유는 남자인 자신이 피해를 받을 것 같다는 생각 때문이다. 그래서 실제로 회사에서는 동성끼리 일을 하는 게 편하다고 한다.

나도 이런 경험이 있다. 예전에 개그 프로그램을 할 때 여자 후배와 함께 코너를 했는데 그 후배가 너무 못했다. 연기도 못하고 아이디어도 없어서 코너를 하면서 무척 힘들었다. 결국 그 코너는 몇 번 하지 못하고 없어지고 말았다. 그때부터 나는 여자와 코너를 하지 않았다.

이후 시간이 지나 재미있는 코너를 새로 만들게 되었는데 피디가 "이 코너는 여자가 들어오면 좋을 거 같다."면서 억지로 여자 후배를 투입시켰다. 나는 너무 싫었다. 이전의 트라우마 때문에 여자와 하면 망할 것 같았다. 하지만 어쩔 수 없이 여자 후배와 코너를 함께 하게 되었는데 완전 반전이 이루어졌다.

그 여자 후배 덕분에 코너가 잘되기 시작했다. 여자 후배가 연기도 잘하고 아이디어도 정말 좋았다. 시청자들도 우리 둘의 케미가 좋다고 했다. 결국 그해에 그 여자 후배와 함께 코미디언 최우수상을 받았다. 내가 코미디를 하면서 처음이자 마지막으로 받은 상을 여자 후배 덕분에 받게 된 것이다.

이때 나는 알게 되었다. 여자와 하면 안 되는 게 아니라 안 맞는 사람과 하면 안 되는 거였다. 여자와 하면 다 망하는 게 아니었다. 여자가 아니라 그 사람과 내가 케미가 맞지 않았기 때문이었다. 그래서 스스로 반성하게 되었다. 상대의 성격이 문제인 것이지 모든 여자가, 모든 남자가 그렇다고 생각하면 사회생활하기 힘들다.

부모들도 아이들이 남녀 갈등에 대해서 물어보면 여자가 아니라, 남자가 아니라 그 사람이 문제라고 말해 주어야 한다. 부모가 변하면 아이들도 변한다. 특히 나와 가장 많은 시간을 함께 보내고 나의 편인 부모에게 배우는 성평등은 아이들에게 정말 많은 영향을 주게 된다.

66

"남자가 남자다워야 남자지.
그래야 여자한테 인기가 있지."
과연 남자다운 게 무엇일까?

99

6

건강하게
이성 교제하는 방법

우리 아이가 건강한 이성 교제를 하길 바란다면 다음 3가지를 신경 써야 한다.

첫째, 부모가 서로 존중하는 모습을 아이들에게 많이 보여 주어야 한다.

부모가 서로 화를 내고 소리치는 모습을 보고 자란 아이들은 나중에 커서 연애할 때 자기도 모르게 폭력적인 모습을 보일 수 있다. 그래서 부모의 역할이 정말 중요하다. 아이들에게 엄마, 아빠가 서로 존중하고 사랑하는 모습을 많이 보여 줄수록 아이의 이성 교제도 건강하다. 아이들이 부모의 모습을 보고 자기가 좋아하는 사람에게 그대로 실천하는 경우가 많기 때문이다.

둘째, 이성 교제를 할 때는 비밀 연애가 좋다.

요즘 학교에서는 서로 사귀는 학생이 정말 많다. 초등학교 졸업할 때까지 한 번도 사귀지 못한 학생이 없을 정도라는 이야기도 있다.

그런데 학교에서 공개연애를 하면 아이들에게 스트레스가 될 수 있다. 남자들의 경우에는 누구와 사귄다고 소문이 나면 친구들에게 성희롱적인 말을 듣기도 한다.

"너 걔랑 사귀는 거야? 했니? 했어?"

여자들의 경우는 공개연애를 하면 문란한 여자로 소문이 나기도 한다. 실제로 학교에서 공개연애를 하는 커플을 보고 친구들은 계속 풍문을 만든다.

"쟤들 사귀고 있대."

"맨날 밤에 만난다는 소문이 있어."

"뽀뽀는 했겠지?"

"뽀뽀만 했겠니? 다 해 봤겠지."

이런 이상한 소문으로 이상한 커플로 만들어 버리기도 한다. 아이들은 아직 어리기 때문에 말도 안 되는 풍문으로 상처를 받는 경우가 많다. 연예인들이 공개연애를 하지 않는 이유를 생각해 보면 이해가 될 것이다.

　중학교에서 반장과 부반장이 사귀게 되었다. 공부도 같이 하고, 학교 끝난 뒤 도서실도 같이 다니고, 서로의 집에 가서 공부를 하는 정말 모범적인 아이들이었다. 하지만 어느 순간 이 커플을 질투하는 친구들이 생겼다. 단톡방에 이 커플이 밤늦게 술집에서 술 먹는 걸 보았다는 소문이 나기 시작했고, 심지어 임신까지 했다는 소문이 났다.

　건전한 이성 교제를 하고 있는 이 커플에게는 무척이나 스트레스였고, 결국 그 고통을 견디지 못하고 남학생은 전학을 갔고, 여학생은 정신과 치료를 받았다. 나중에 소문을 낸 친구들을 잡았지만 그 친구들은 장난으로 한 이야기인데 이렇게 될 줄 몰랐다고 변명했다.

　초등학교 때부터 동창인 남녀 학생이 친하게 지내다가 같은 고등학교에 가게 되면서 자연스럽게 호감이 생겼고 서로 사귀게 되었다. 친한 친구들에게 사귀는 걸 알렸고 행복한 날들이 지속되었다.

　하지만 청소년 시절의 사랑은 서로 처음이다 보니 헤어지는 것도 쉬웠다. 10년 넘게 친구였던 그 커플은 사귄 지 3개월 만에 헤어졌고, 학교에서 만나면 서로 인사도 하지 않을 정도로 어색한 사이가 되었다. 이후 두 사람이 사귀었다가 헤어졌다는 소문이 학교에 퍼지기 시작했다.

"너 그거 알아? 쟤네 사귀었다 헤어졌대."

"쟤네 초등학교 때부터 그런 사이였대."

"저 여자애 5학년 때부터 관계를 했다고 하더라."

"둘이 너무 많이 해서 헤어진 거 아닐까?"

"남자애가 너무 밝힌대."

"여자애가 초등학교 때부터 스킨십을 너무 좋아했대."

실제로 두 학생은 정말 순수했고 성관계도 없었다. 이런 소문을 들은 두 학생은 극도의 정신적 스트레스를 받았고, 두 학생모두 우울증으로 학교를 그만 두게 되었다.

두 사례는 너무 극단적인 사건이지만 강의를 다니면서 이야기를 들어 보니 공개연애를 하는 학생들 중 반 이상은 주변의 소문으로 인해 스트레스를 받았다고 했다. 청소년 시기에는 호기심이 너무 많아서 주변에서 일어나는 모든 것이 궁금하다. 특히 친구의 이성 교제는 무척 흥미로운 주제이다. 그런데 자기도 모르게 하는 말들이 왜곡되어서 친구들에게 상처가 되는 경우가 많다.

아이들이 이성 교제를 하는 건 막을 수 없다. 그건 당연한 거고, 청소년기에 누구와 사귀는 것은 정말 좋은 경험이 될 수 있다. 단 소문이 날 경우 아이들이 힘들 수 있기 때문에 이성 교제를 할 때는 비밀리에 하는 걸 권한다.

셋째, 표현하는 방법이 중요하다.

이성 교제에서 정말 중요한 건 표현하는 방법이다. 어린이 시절에는 이성 친구하고 놀아도 아무런 감정이 생기지 않는다. 진짜 순수한 마음이기 때문이다. 하지만 청소년기가 되면 이성 친구와 잘 놀지 않는다. 이유는 간단하다. 부끄럽고 어색하기 때문이다. 그리고 이성에게 다가갈 용기가 나질 않는다.

나도 학창 시절에 여학생에게 말을 잘 걸지 못했다. 난 그게 너무 후회스럽다. 여학생 앞에만 가면 말문이 막히고, 표현도 어색하고, 눈을 보지 못했다.

생각해 보면 학창 시절의 이성 교제는 아주 간단하다. 동성이 갖고 있지 않은 사고와 관심을 이해하고 서로 나누면서 우정으로 사귀는 것이다. 그러므로 청소년기의 이성 교제를 무조건 반대하면 안 된다. 부정적으로 보는 건 더욱 안 된다.

건전한 이성 교제를 하는 친구들을 만나보면 힘들 때 위로해 주고, 취미나 공부를 같이 하고, 맛있는 음식이나 영화 혹은 취미 생활을 함께 즐겼다. 이런 커플은 청소년 시기에 서로에게 정말 도움이 되는 경우가 많다.

건전한 이성 교제를 하려면 어떻게 해야 할까? 제일 먼저 알아야 하는 건 바로 표현 방법이다. 그 친구를 보면 가슴이 두근거리고 이상하게 떨리는 현상이 생기면 바로 사랑이 시작됐다는 것이다. 내가 관심 있고 친해지고 싶은 이성 친구가 생긴 것이다.

그럼 그 친구와 친해지도록 노력해야 한다. 아무 말도 하지 못하고 친구 주변만 빙빙 돌고 드라마에 나오는 주인공처럼 "너 나랑 사귈래?", "너 마음에 든다." 같은 식으로 접근하면 절대로 이루어질 수 없다. 혹은 "내가 우유 사 줄까? 너한테 줄 수 있는 우유는 아이러브유." 같이 장난처럼 접근해도 안 된다. 그러면 상대방도 장난으로 생각하기 때문이다.

부모들이 해야 할 일은 아이가 어릴 때부터 좋아하는 친구가 생기면 그 친구가 무엇을 좋아하는지 알아보고 같은 주제로 같이 공감하면 된다는 걸 교육시켜야 한다. 청소년기에는 좋아하는 감정이 아직 어색하고 부담이 될 수 있으므로 편하게 다가가는 게 중요하다. 좋아하는 이성 친구를 도와주거나, 선물을 주거나, 같은 취미를 즐기며 자연스럽게 마음을 표현해야 한다.

그런데 서로 마음이 맞아서 잘 지내면 좋겠지만 상대가 마음을 받아주지 않는 경우도 있다. 이럴 때 아이가 마음을 다치지 않게 미리 알려 주는 것도 부모의 역할이다.

중학교 3학년인 남학생이 6개월간 좋아하는 여학생이 있었는데 고민 끝에 고백을 했다. 나는 그 남학생에게 말해 주었다.

"진심으로 고백을 한 건 잘한 거야. 고백을 하지 않았다면 너는 아직도 고민하고 늘 그 여학생 때문에 마음이 심란하고 '언제 고백해야 할까? 내 마음을 받아 줄까?'라는 생각에 힘들었을 거야. 그런데 고백을 했으니까 이제 그 고민은 그 여학생이 가지고 간 거야. 너는 이제 편하게 기다리면 되는 거야. 그 여학생도 지금 무척 고민하고 있을 거야. 받아주어야 하나, 거절해야 하나? 그 여학생의 결정을 너도 받아주면 되는 거야."

그런데 두 사람은 결국 커플이 되지 않았다.

건전한 이성 교제에서 제일 중요한 건 바로 서로의 동의를 받는 것이다. 약속 장소를 잡을 때도 서로의 동의가 필요하다. 일방적으로 '오늘 6시에 시청에서 보자.'고 한다면 이건 동의를 얻지 못한 것이다. 그런 약속은 약속이 아니다. 사랑 표현을 할 때도 마찬가지다. 허락 없이 신체를 만지거나 접촉하는 것, 그리고 '우리는 사귀는 사이니까 해도 된다.'고 강요하는 건 폭력이다.

청소년기는 이성에 대한 호기심이 가장 많을 때이다. 잘못된 이성 교제 상식이 폭력으로 이어질 수 있다. 미디어에서 나오는 장면을 보고 좋아하는 이성에게 표현하는 건 좋지 않은 영향을 줄 수 있다. 약속을 정할 때나 성적 행동을 하기 전에는 항상 상대에게 본인의 의사를 밝히고 동의를 구한 뒤 해야 한다.

"내가 손 잡아도 되겠니?"

"내가 너 안아도 되겠니?"

"오늘 함께 영화 볼 수 있니?"

"우리 내일 맛있는 음식점 갈래? 네 생각은 어떠니?"

부모가 미리 아이에게 표현하는 방법을 잘 알려 준다면 우리 아이들은 아주 건전한 이성 교제를 할 것이다.

"

내 아이가 어떤 사랑을 하는지,
상대를 어떻게 대하는지 궁금한가?
그렇다면 지금 나와 배우자가 어떤 모습을
아이에게 보여 주는지를 되돌아보자.

"

7

데이트 폭력, 성폭력을 예방하는 방법

'아이들이 성폭력이라는 끔찍한 범죄를 당하지 않게 하는 방법이 있을까?'

부모라면 아이들이 성장하는 모습을 보면서 이런 고민을 한 번쯤은 해 봤을 것이다.

성폭력을 예방할 수 있는 방법이 다음과 같다고 생각하는가?

첫째, 밤늦게 다니지 않는다.

둘째, 옷차림에 신경을 쓴다. 노출이 없는 옷을 입는다.

만약 2가지에 공감한다면 당신은 조선시대 사람이다.

지금 말한 2가지 예방 방법은 성폭력 가해자들이 하는 변명이다.

"여자가 밤늦게 다니는 이유가 뭐겠어요? 남자랑 놀고 싶은 거 아니에요?"

"짧은 치마를 입고 다니면 누구나 그런 생각을 하게 되죠."

이런 말로 자신의 범죄를 합리화시키는 가해자를 많이 보았다.

남극에 사는 사람처럼 꽁꽁 싸매고 낮에만 밖에 나갈 수 있다면 성폭력 피해를 입지 않을까? 절대 그렇지 않다. 실제로 성폭력은 알고 있는 지인들에게 피해를 당하는 경우가 많다. 혹시라도 성폭력 피해자에게 "네가 옷을 야하게 입어서 그래. 밤늦게 다녀서 그래."라는 말은 절대 하지 마라. 그건 바로 2차 가해이기 때문이다.

데이트 폭력

연인끼리 싸우는 걸 데이트 폭력이라고 한다. 그런데 이건 정말 잘못된 말이다. 과거에는 경찰들도 "나랑 사귀는 사람이 협박해요. 저를 때렸어요."라고 하면 '연인끼리 사랑싸움을 하나 보다.'라는 생각으로 심각하게 생각하지 않았다.

하지만 요즘 뉴스에 나오는 데이트 폭력은 이제 교제 살인으로까지 이어지고 있다. 그래서 데이트 폭력 사건이 아니라 그냥 폭력 사건이라고 생각해야 한다.

아이들이 크면서 자연스럽게 누구를 좋아하게 되고 서로 이성 교제를 하게 된다. 그런데 사귀다가 서로 뜻이 맞지 않을 경우 아이들 사이에서도 데이트 폭력이 많이 일어난다. 헤어진 이성 친구에게 화가 나는 이유를 물어보면 다음과 같이 말한다.

"걔가 나를 버려서요."

"내 사랑을 거절하니까요."

물론 다른 이유도 있지만 데이트 폭력을 한 학생들 대부분이 자신을 거절했을 때 화가 나서 폭력적인 행동을 했다. 이런 현상은 성인이 돼서도 비슷하게 나타난다.

이를 예방하기 위해서는 부모의 역할이 중요하다. 아이가 태어나면 사랑스럽고 귀여워서 아이가 해 달라는 건 다 해 준다. 사실 나도 그랬다. 부모 마음이 다 비슷할 것이다. 그런데 정신적, 신체적으로 좋지 않은 것이라도 아이가 원한다면 다 해 주는 부모들도 있다. 이런 식으로 아이를 키운 부모들은 나중에 아이를 통제하지 못하게 된다.

그래서 어릴 때부터 아이에게 정말 안 되는 건 안 된다는 걸 알려 주어야 한다. 장난감을 사고 싶다고 해도 아이에게 단호하게 말한다.

"오늘 무슨 날도 아닌데 장난감을 사면 안 되지."

아이는 갖고 싶은 장난감을 가지지 못해서 떼쓰고 울 것이다. 하지만 이 과정에서 자기 마음대로 할 수 없는 게 있다는 걸 알게 된다.

아이가 안아 달라고 했을 때 부모가 안아 줄 수 없는 상황이라면 단호하게 거절해야 한다.

"지금은 안아 줄 수 없어."

이런 경험을 통해 아이는 자기가 사랑하는 사람이라도 '내가 원하는 걸 다 해 주지는 않는구나.'라는 걸 알게 된다.

그렇다고 아이에게 계속 거절하라는 건 아니다. 부모는 아이를 사랑해 주어야 더 건강하고 나중에 성장했을 때 정말 바르게 자랄 수 있다. 아이가 제일 좋아하는 장난감을 가지고 놀 때 아이에게 물어본다.

"이거 아빠가 가지고 놀아도 될까?"

그러면 아이가 대답할 것이다. '예'든 '아니오'든 아이의 선택을 존중해 주면 된다.

아이가 유치원에 다닐 경우 친구들하고 놀면서 일어날 수 있는 상황에 대해서도 교육해야 한다.

"친구들이 네 물건을 함부로 가지고 갔을 때 네가 싫으면 분명하게 이야기해 줘."

그건 거절하는 게 아니라 자신의 의사를 표현하는 거니까 존중해 주고 칭찬해 주어야 한다.

부모가 귀여워서 안아 주고 뽀뽀할 때도 아이가 거부하거나 싫어하면 바로 미안하다고 사과하고, 다음부터는 아이의 의사를 물어보고 행동해야 한다. 부모가 먼저 아이의 의사 표현에 대해 존중해 주면 아이도 나중에 이성 교제를 할 때 상대방의 의사를 존중해 주고, 거절당해도 어린 시절부터 부모에게 교육받았던 기억 때문에 거절을 잘 받아들일 수 있다.

학교에서 일어나는 이성 친구 폭력의 유형

초등학교에 다닐 때는 대체로 순수한 이성 교제를 한다. 물론 극소수의 아이가 데이트 폭력으로 학폭이 열리기도 하지만, 본격적으로 데이트 폭력이라는 단어가 나오는 시기는 중학교에 입학하고 나서이다.

요즘 청소년들의 데이트 폭력은 사이버 폭력, 신체 폭력, 언어 폭력으로 발전하고 있다. 예전과 다르게 요즘 청소년들의 이성 교제는 상상을 초월한다. 사랑을 표현하는 걸 창피해하지 않는다. 그런데 이성 교제를 하다 보면 이별하는 순간이 온다. 그런데 헤어지고 나서 데이트 폭력이 시작된다.

헤어지고 나서 서로에게 안 좋은 이야기로 데이트 폭력을 하는 경우가 제일 많다. 헤어진 연인에 대해 친구들에게 나쁘게 이야기하고, 함께 했던 성관계, 혹은 상대의 신체 구조에 대해 말해서 피해를 입힌다. 이 이야기를 들은 피해 학생은 나중에 서로 사귈 때 성추행을 당했다, 성폭력을 당했다고 주장하면서 경찰에 신고하기도 한다.

그 다음으로는 좋아하는 이성 친구를 허락 없이 안고 스킨십을 하고 나서 "장난이었어."라고 하는 경우이다. 이런 경우는 스킨십뿐만 아니라 언어적인 것도 많다.

"내가 너 좋아해도 되냐?"

"너랑 키스하고 싶다."

상대방에게 직접적으로 말하는 경우도 있고, 아무 사이도 아닌데 친구들에게 소문을 내는 경우도 있다.

"야, 쟤는 내가 찍었으니까 건들지 마라."

"제 나랑 뽀뽀했으니까 건들지 마라."

이런 학생들에게 물어보면 대부분 장난이었다고 이야기한다. 그런데 장난으로 시작한 말 때문에 피해를 입는 학생들이 있다.

그러므로 부모들이 아이가 어릴 때부터 장난의 수위에 대해 설명을 해 주어야 한다. 모든 게 다 장난일 수 없다. 별명으로 불리는 것을 좋아하는 친구도 있지만 기분 나빠 하는 친구도 있다. 그래서 내가 하는 장난을 다 좋아한다는 착각을 버려야 한다. 내가 하는 장난이 상처가 되고 폭력이 될 수 있다는 걸 알아야 한다.

사이버 폭력도 점점 심해지고 있다. 중학생이 되면 모든 학생이 스마트폰을 갖고 있다. 그러다 보니 카톡이나 SNS로 소통을 많이 한다. 주로 채팅을 통해서 이야기하는데 여기서 사이버 폭력이 생겨난다.

"야, 너무 섹시하지 않냐?"

"내 스타일이야. 내가 좋아하는 몸매야."

이런 식으로 학생들의 신체를 평가하거나 성희롱적인 말을 하는 경우가 있다. 그런데 이런 채팅 내용이 퍼지게 되면서 대상이 된 피해 학생은 정말 끔찍한 고통을 받게 된다. 그러므로 부모들은 어릴 때부터 아이들에게 사이버 폭력이라는 게 어떤 것인지, 친구들끼리 하는 성희롱적인 발언도 폭력이라는 걸 알려 주어야 한다.

그럼 데이트 폭력 성폭력을 예방하기 위해서는 무엇을 준비해야 할까? 먼저 성폭력이 무엇인지 알아보자.

성폭력이란 심리적, 물리적, 법적으로 타인에게 성(性)과 관련해 위해를 가하는 폭력적 행위와 상대방의 의사에 반하는 성적인 접근을 통틀어 이르는 말로 대표적으로 강간 윤간과 성추행이 있으며, 그 밖에 사람의 심신상실 또는 항거불능의 상태를 이용한 준강간·준강제추행, 위계 또는 위력에 의한 아동·청소년·장애인 범죄 등이 있다.

-위키백과

간단하게 폭력은 누가 나를 때리든가 위험하고 말로 협박하는 것이지만, 성폭력은 성적으로 나에게 폭력을 행하는 것이라고 생각하면 된다.

청소년기 성폭력은 이성 친구와 데이트 혹은 만남에서 상대방이 원치 않는 성적 행동을 하거나 강요를 하는 게 특징이다. 특히 성교육을 잘 받지 못한 학생일수록 잘못된 성지식으로 성폭력 가해자가 되는 경우가 있다.

연인 사이에는 서로 좋아하는 감정이 있어서 피해자, 가해자 모두 성폭력으로 인식하지 못하는 경향이 있다. 피해자 입장에서는 기분이 무척 나쁘지만 '나랑 사귀는 사이인데 이게 성폭력은 아니겠지.'라고 생각한다. 가해자 입장에서도 '사귀는 사이인데 당연히 성관계를 하는 게 맞는 거지. 이게 범죄는 아니잖아.'라고 생각한다.

청소년들의 성폭력 사례 중에는 친족 성폭력도 종종 있다. 오랫동안 가정에서 친족 사이에 일어난 성폭력이기 때문에 이때는 연관된 사람을 별도의 기관에 분리하는 게 중요하다. 친족 성폭력 같은 경우에는 범죄인지 모르고 지나가는 경우가 많다. 이유는 간단하다. 너무 어릴 때부터 그루밍을 당해서 자신이 성폭력 피해자라는 걸 모르기 때문이다. 나중에 자신이 성폭력 피해자라는 걸 알게 되었을 때도 신고하지 못하는 경우가 많다. 친척이고 가족이어서 자기로 인해 가족들이 피해를 받게 되는 것에 대한 걱정 때문이다.

친족 성폭력을 예방할 수 있는 가장 좋은 방법은 어린 시절부터 부모가 성교육을 해 주는 것이다. 친족 내 성폭력은 단순한 성폭력을 넘어서 평생 씻지 못할 고통으로 살아가는 경우가 많다. 왜냐하면 단순한 성폭력은 자신이 성폭력을 당하고 있다는 걸 인지할 수 있지만, 친족 성폭력은 대부분 그루밍 성폭력이기 때문에 자신이 성폭력을 당하는지 모르기 때문이다.

그루밍이란 '길들이기'라는 말이다. 그루밍 성폭력은 가해자가 피해자와 친분을 쌓아 심리적으로 지배한 후 성적으로 폭력을 가하는 행위를 말한다. 우월한 지위에 있는 가해자가 연령이나 경제적·지적 측면 등에서 취약한 위치에 있는 아동·청소년 등과 심리적 유대관계를 형성한 뒤 성적으로 착취하는 행위이다. 음란한 사진을 전송하거나, 신체의 특정 부위를 촬영한 사진을 보내라고 요구하거나, 웹캠을 통한 성적 대화 및 녹화 등의 수법으로 실질적인 신체 접촉이 없는 성 착취도 발생한다.

마지막으로 청소년들이 알아야 할 성폭력 종류 중 가장 핵심은 성희롱이다. 내가 하는 어떤 말과 행동이 상대방에게 성희롱이 될 수 있다는 걸 알면 상대방이 하는 성희롱적인 행동을 예방할 수 있다. 성희롱에는 신체적, 언어적, 시각적 성희롱이 있다.

신체적 성희롱은 아주 간단하다. 누가 나의 동의 없이 내 신체를 만지는 것이다. 성추행이라고 표현하면 이해하기 더 쉽다. 신체적 성희롱은 바로 알 수 있다. 그래서 점점 성추행이 아닌 것 같은 성추행 수법이 늘어나고 있다. 가장 대표적인 신체적 성희롱은 바로 안마이다. 왜 안마일까? 이는 가해자들이 변명하기 좋아서 그런 것이다.

중학생인 A양이 있었다. 사건은 학원에서 벌어졌다. A양은 평소처럼 학원에서 수업을 듣고 있었는데 갑자기 학원 선생님이 수업 도중에 어깨가 아프다면서 A양에게 주물러 달라고 했다. A양은 정말 아픈 줄 알고 선생님의 어깨를 안마해 주었다.

다음 날 선생님은 허리가 아프다고 또 안마를 요구했고, A양은 선생님이기 때문에 안마를 해 주었다. 또 다음 날 선생님은 A양을 자신의 사무실로 불러서 안마를 요구했고, 점점 은밀한 부위를 안마해 달라고 했다. A양은 거부했지만 선생님은 안마해 주면 학원을 공짜로 다니게 해 주겠다고 말했다.

우연하게 이 장면을 본 학원의 다른 선생님이 신고를 했고, 가해 선생님은 이런 변명을 했다.

"수업 도중에 담이 와서 잠깐 안마를 해 달라고 했습니다. 이게 무슨 성추행이에요?"

이건 성추행, 즉 신체적 성희롱이 맞다. 안마를 요구하는 자체가 잘못된 생각이다. 아이들에게 안마를 요구해도 안 되고, 안마를 해 주는 것도 성희롱 예방 차원에서 하면 안 된다. 상대방이 내 허락 없이 내 몸에 손을 대는 행위, 그리고 몸을 만져 달라는 행위 그 자체가 성범죄라는 것을 아이에게 알려 주어야 한다.

그 가해자 선생은 학원에서 해고당하고 징역형에 처해졌다.

언어적 성희롱도 조심해야 한다. 청소년 시절에 친구들과 이런 저런 이야기를 하다 보면 야한 농담도 한다. 나 역시 친구들과 야한 농담을 하면서 웃었던 기억이 있다. 호기심이 가득한 청소년기에는 자기가 하는 말이 성희롱인지 모르고 사용하는 경우가 많다. 그래서 성교육 강의 때 가장 많이 나오는 문제가 바로 언어적 성희롱이다.

이성 친구에게 조금 더 관심을 받기 위해 하는 말들, 혹은 자기를 과시하고 센 척하기 위해서 하는 말들 중에는 언어적 성희롱이 많이 포함된다. 학생들이 주로 하는 언어적 성희롱은 다음과 같다.

'이성 친구의 몸이나 외모에 대해 이야기하거나 평가하는 행위'

'같은 반에서 자기네끼리 이야기하지만 성적인 이야기를 다 들리게 하는 행위'

'농담이라고 이야기하는 내용이 성적인 경우'

'SNS에 나오는 사람을 보고 성적인 단어를 쓰는 경우'

'쇼츠나 릴스에 나오는 섹시한 사람이 너랑 비슷하다고 하는 경우'

강의에서 학생들이 질문할 때도 성희롱적인 단어인지 모르고 사용하기도 한다. 언어적 성희롱을 예방하기 위해서는 일단 외모 칭찬을 하지 않는 게 중요하다. "너는 수지 닮았다."라는 말을 했을 때 좋아하는 사람도 있겠지만 그렇지 않은 사람도 있을 수 있다. 뉘앙스에 따라 놀리는 느낌을 받을 수도 있다. 그래서 예방 차원으로 서로의 외모를 평가하거나 칭찬하는 것은 자제하는 게 좋다.

학교는 공부하는 곳이다. 공부하는 곳에서 왜 야한 농담을 하는가? 야한 농담을 하는 이유를 물어보면 대부분 동성친구가 좋아하기 때문이라고 한다. 특히 남자친구들끼리 야한 농담을 하면서 친해지고 재미있어 하는 경우가 많다. 하지만 이건 잘못된 방법이다.

남자들끼리라도 야한 농담을 불편해하는 사람이 있다. 특히 학교를 졸업하고 사회생활을 할 때는 야한 농담을 하는 사람들을 찾아볼 수 없다. 이유는 간단하다. 모든 남자가 야한 농담을 좋아하는 게 아니기 때문이다. 물론 여자들도 야한 농담을 하는 경우가 있지만 역시 사회생활을 할 때 야한 농담은 서로를 불편하게 한다.

대부분의 아이는 성희롱인지 모르고 사용하는 경우가 많다. 그렇기 때문에 아이들이 하는 말들이 잘못된 것이고 언어적 성희롱이라는 걸 반드시 부모가 알려 주어야 한다.

시각적 성희롱도 주의해야 한다. '난 단지 쳐다보는 것뿐인데 성희롱이 될 수 있을까?'라고 생각하는 사람들이 있다. 누군가를 쳐다보는 것만으로 성희롱이 가능할까? 여기서 정답은 쳐다보는 것만으로는 성희롱이 성립하지 않는다.

어떤 사람은 눈이 은밀하고 이상하게 생겨서 쳐다보는 것만으로 기분이 나쁘고 성희롱 같은 생각이 들 수도 있고, 어떤 사람은 호감형 얼굴이어서 쳐다보는 것만으로 기분이 좋을 수도 있다. 그래서 정말 애매하다. 그런데 결론은 무엇일까?

누군가가 쳐다보면 기분이 나쁠 수 있지만 모든 상황에서 성적으로 수치심이 들지는 않는다. 하지만 시각적 성희롱은 다르다.

'음란한 영상이나 사진을 보면서 사람을 쳐다보는 행위'

'내 신체를 만지면서 사람을 쳐다보는 행위'

이건 신체적 성희롱에 해당한다. 그리고 사람의 은밀한 부위를 쳐다보는 것도 시각적 성희롱에 해당한다. 그래서 어떤 것이 시각적 성희롱인지를 알아야 나중에 이런 일을 당했을 때 대처할 수 있다. 이상한 눈으로 나를 쳐다본다고 다 성희롱이 아니기 때문에 위에서 말한 시각적 성희롱이 무엇인지 잘 인지해야 한다.

그렇다면 성폭력을 예방하는 방법으로는 무엇이 있을까? 성범죄를 원천적으로 차단하는 것은 현실적으로 불가능하다. 그래서 성범죄를 당했을 때 대처하는 방법을 알아야 한다.

첫째, 명확하게 거부의사를 표현한다.

성범죄를 당하게 되면 거부의사를 명확하게 표현해야 한다. 그런데 이렇게 말할 수 있다.

"누가 몰라서 그래요? 무서워서 말을 못한다니까요."

맞는 말이다. 나도 실제로 성희롱을 당했을 때 말을 하지 못했다. 아무것도 할 수 없었다. 하지만 명확하게 거부 의사를 표현하는 건 정말 중요하다.

사례 2

버스에 한 여자가 타고 있었다. 한 남자가 그 여자 옆자리에 앉았다. 그러고는 가방을 무릎에 올리면서 여자의 허벅지를 만지기 시작했다. 여자는 너무 무서웠지만 명확하게 거부의사를 표현했다.

"지금 뭐하시는 거예요? 왜 내 허벅지를 만지세요?"

남자가 당황해하면서 다른 자리로 가자 주변 사람들이 그 남자를 잡았고, 버스기사는 경찰서로 이동해서 현행범으로 그 남자를 체포했다.

물론 나에게 이런 일이 일어나면 무섭고 많이 떨릴 것이다. 하지만 성폭력 가해자들이 가장 즐기는 게 바로 아무 말도 하지 못하고 떠는 피해자들의 표정이다. 단호하게 말을 하면 오히려 겁을 먹는 범죄자가 많다.

나도 처음 직장 상사에게 성희롱을 당했을 때 거부 의사를 명확하게 표현해야 했다.

"저는 야한 이야기를 좋아하지 않습니다. 다음부터는 이런 이야기는 하지 마세요."

그랬다면 그 직장 상사는 이후에는 나에게 야한 이야기를 안 했을 것이다.

둘째, 증거를 확보해야 한다.

성폭력에서는 증거를 확보하는 게 정말 중요하다. 왜냐하면 은밀한 곳에서 일어난, 가해자와 당사자 둘밖에 모르는 일이기 때문에 증거가 없어서 무혐의로 끝나는 경우가 종종 있기 때문이다.

그러므로 가해자에게서 온 카톡이나 메일을 기분 나쁘고 더럽다고 삭제해 버리면 안 된다. 힘들어도 지우지 말고 확보해서 증거로 남겨 두어야 한다. 주변에 CCTV가 있으면 꼭 확보해 두고, 내 말을 증언해 줄 수 있는 사람에게서도 녹취를 따 둔다. 녹음은 증거 효력이 없다고 하지만 내 목소리가 들어가면 합법이다.

만약에 증거가 전혀 없다면 꼼꼼히 기록해 두는 것도 좋다. 사건이 발생한 날 어떤 일이 있었는지 자세하게 기록해 두면 증거로 활용할 수 있다.

성교육은 어릴 때부터 올바르게 가르쳐야 한다. 이러한 교육이 훗날 발생할지도 모르는 성폭력을 예방할 수 있다.

66

자기도 모르게 성폭력 가해자가 되는 경우가 있다.
"이게 성희롱인가?", "이게 성폭력이야?"
성폭력 가해자가 되지 않으려면
성폭력이 무엇인지 미리 알고 있어야 한다.

99

PART 2

현명한 부모는
어릴 때부터 성교육해요

그때 그 시절의
성교육

그동안 아이를 키우면서 아이가 자신의 성기를 만지는 걸 보고 다음과 같은 말을 했는지 생각하는 시간을 가져 보자.

부모 너 지금 뭐하는 거야? 거길 왜 만지는 거야?

아이 왜 만지면 안 돼?

부모 사람들이 보는 데서 만지는 거 아니야.

상대방의 허락 없이 안아 주고 뽀뽀해 주는 걸 사랑 표현이라고 생각하는가?

아이 오늘 친구가 나한테 뽀뽀하고 안아 주고 갔어. 난 별로 안 좋아하는데….

부모 그건 친구가 널 좋아해서 그런 거야. 인기 많은 거니까 괜찮아.

아이가 친구들과 놀다가 친구의 바지를 벗겼다. 엄마는 바지를 벗기는 것을 놀이라고 생각하고 아무렇지 않게 웃어 넘겼다.

'애들이 다 그렇게 노는 거지. 재미있게 노는구나.'

부모가 이런 말을 한 번이라도 했다면, 이런 생각을 했다면 꼭 다시 성교육을 새로 배워야 한다. 왜냐하면 아이들이 어린 시절에 성교육을 받지 못하면 아이가 자기 행동의 문제점을 깨닫지 못할 수 있기 때문이다. 그렇게 되면 아이가 잘못된 성관념을 갖게 되고 나중에 성폭력 가해자가 될 수도 있다.

아이가 내 몸을 소중히 여기고 상대를 존중할 수 있도록 하려면 부모가 어떤 노력을 해야 할까? 먼저 아이가 성에 대해서 민망하지 않도록 해야 한다. "너 지금 뭐하는 거야? 거길 왜 만지는 거야?"라는 말보다는 아이들이 크는 과정에서 자연스럽게 하는 행동이라고 생각해야 한다. 부모들도 어린 시절에 만지지 않았는가? 성인이 되어서도 자기도 모르게 무의식적으로 만지지 않는가? 그런데 왜 아이들은 만지면 안 되는 건가? 아이에게 자연스러운 현상이라고 알려 주면 된다. 하지만 사람들이 많은 곳에서 만지는 건 안 되니까 안 보이는 곳에서 만져야 한다고 교육해야 한다.

그리고 내 몸은 나만 만질 수 있고 깨끗한 손으로 만져야 한다는 것을 알려 주어야 한다. 혼내고 뭐라고 한다면 아이들은 호기심만 더 커지고 성에 대해서 부끄럽고 민망하게 생각하고 죄책감을 가질 가능성이 높아진다.

친구가 나에게 뽀뽀하고 안아 주는 행동에 대해 부모들은 '우리 아이가 인기가 많구나. 우리 아이를 좋아하는 사람이 많네.'라고 생각하면 안 된다. 아이에게 그렇게 말하면 아이 입장에서는 누가 내 몸을 만지고 뽀뽀해 주는 걸 당연하게 생각할 수 있다. 그러므로 부모들은 아이가 원하지 않는다면 싫으니까 만지지 말라는 의사표현을 하고 어른들에게 도와 달라고 이야기할 수 있도록 교육해야 한다.

내 몸의 주인은 바로 나 자신이다. 내 허락 없이 누구도 내 몸을 만져선 안 된다는 걸 알려 주어야 한다. 이것을 자기 결정권이라고 하는데 부모가 어릴 때부터 알려 주는 것이 가장 좋다. 친구끼리 서로 바지를 벗기고 노는 걸 보고 부모들은 '장난꾸러기들, 친구들하고 재미있게 노는구나.'라고 장난으로 생각하면 안 된다. 친구끼리 놀 때 장난과 폭력을 정확하게 구분할 수 있는 성교육이 필요하다. 나도 즐겁고 친구도 즐겁다면 장난이 맞다. 하지만 한 명이라도 기분이 나쁘고 상처가 되었다면 폭력이라는 걸 알려 주어야 한다.

부모하고 놀 때도 아이가 장난이 너무 심해서 부모가 당황하기도 한다. 그럴 때 어리니까 장난이 심하다고만 생각하지 말고 어릴 때부터 조절할 수 있게 도와주어야 한다.

'아이들끼리 뭐 그럴 수 있지. 장난치다가 다칠 수도 있지. 그걸 가지고 그래.'

'아이들이 아직 어려서 그래. 잘 모르잖아. 이해해.'

이런 생각을 가지고 있는 부모라면 그게 잘못됐다는 것을 깨달아야 한다. 상대방이 힘들어하면 장난이 아니고 폭력이다. 작은 폭력이 반복적으로 되풀이되는데도 누군가가 지적해 주지 않으면 아이는 자신의 잘못이라고 생각하지 않는다. 아이들은 '이 정도는 괜찮지.'라는 생각을 하게 된다. 그리고 자기로 인해서 상처를 받은 친구에게 오히려 화를 낸다.

"네가 이상한 거야. 다른 친구들은 내가 이 정도 장난쳐도 다 웃고 재미있어 하는데 너만 왜 울어? 네가 이상한 거야."

실제로 성교육을 하다가 무척이나 공격적인 아이를 만난 적이 있다. 그 아이는 친구들의 발을 일부러 밟고 지나갔다. 친구들은 아파하면서 울었다. 그 아이는 웃으면서 자기는 장난친 거라는 표정으로 즐거워했다. 그곳에 있는 모든 아이가 불편해하는데 혼자만 장난이라고 생각하면서 웃었다. 나는 그 아이에게 물어보았다.

영진 왜 친구들 발을 밟았니?

아이 안 밟았는데요.

영진 네가 발을 밟았잖아. 왜 밟아?

아이 그럼 제 발에 왜 밟혔어요? 안 밟히면 되죠. 왜 밟혀요?

오히려 적반하장으로 나왔다. 이런 아이에게는 다른 사람의 몸도 소중하다는 걸 알려 주어야 한다. 자기 몸이 소중한 걸 모르기 때문에 다른 사람의 몸도 소중하다는 걸 모르는 것이다.

요즘 아이들은 부모들의 어린 시절과 다르게 유튜브나 SNS를 통해서 성을 접하는 시기가 빨라졌다. 실제로 구글에 '야동'이라고 치면 아이들이 보면 안 되는 성관계 영상을 쉽게 찾을 수 있다. 아이들이 성과 관련해서 올바른 방향으로 갈 수 있게 부모들의 똑똑한 가르침이 필요하다. 올바른 성교육을 받은 아이는 상대방을 배려하고 존중할 줄 아는 좋은 사람으로 성장하고 인성이 좋은 사람이 된다.

하지만 부모들은 성교육에 대해서 난감해한다. 그 이유는 아주 간단하다. 부모들도 성교육을 잘 모르기 때문이다. 나도 그랬다. 내가 어릴 때 성교육 시간은 따로 없었다. 생물 시간에 사람의 신체를 알려 주는 시간이 전부였다. 성에 대해서 전혀 알지 못하는 나에게 주말의 명화에서 외국인 부부가 키스를 하면서 서로 안고 침실로 들어가는 모습은 정말 충격이었다. 왜냐하면 나는 우리 엄마 아빠가 키스하는 걸 본 적이 없었기 때문이다. 심지어 서로 만지지도 않았다. 그래서 나는 아빠한테 물어보았다.

"아빠는 왜 엄마한테 키스를 안 해?"

아빠는 당황해하면서 말했다.

"가족끼리 그러는 거 아니야."

나는 무슨 말인지 이해가 되지 않았지만 결혼을 한 지금은 아빠의 말을 이해할 수 있다.

나는 초등학교 고학년 때 한 친구에게서 잘 알지 못하는 단어를 처음 들었다.

"너 여자랑 해 봤냐?"

"너 섹스해 봤냐?"

섹스가 무엇인지 몰랐던 나는 친구에게 섹스가 뭔지를 물어보았고, 섹스라는 건 남자와 여자가 성관계를 하는 것이라고 들었다. 솔직히 그때는 남자와 여자가 어떻게 성관계를 하는지 몰랐다. 어린 나에게는 매우 호기심이 가는 내용이었다. 그래서 아빠에게 물어보았다.

"아빠는 섹스해 봤어?"

아빠는 무척 당황해하면서 말했다.

"너는 이런 거 몰라도 돼."

엄마에게도 물어보았다.

"엄마는 섹스해 봤어?"

엄마는 크게 화를 내셨다.

"너 어디서 들었어?"

내가 대답했다.

"누가 알려 줬어."

엄마가 말했다.

"너는 몰라도 돼. 그런 거 하면 큰일 나. 어디 가서 그런 말 하지 마."

나는 엄마가 그렇게 화를 내는 걸 처음 보았다. 시간이 좀 지나 엄마는 나를 불러서 이런 말을 했다.

"시간이 지나면 자연스럽게 알게 되는 거야."

그렇게 부모님한테 혼나고 무시당했던 나는 더 이상 성에 대해서 절대로 부모님한테 물어보지 않았다. 결국 성을 친구들과 아는 형에게서 배우기 시작했다. 친구들이 해 주는 야한 이야기들이 나의 성 지식이 되었다.

지금 생각해 보면 말도 못할 정도로 저급한 내용에다 왜곡되고 변질된 이야기들이었다. 그렇게 나는 잘못된 성교육을 배웠고 그 이후 성에 대해서 야하고 부끄럽고 무서운 것이라고 생각하게 되었다.

만약 그때 부모님이 화를 내지 않고 올바른 성교육을 해 주었다면 어땠을까라는 생각을 하지만 당시 사회 분위기에서는 쉽지 않았을 것 같다. 하지만 혹시라도 이 책을 읽는 독자가 나의 부모님이 내게 했던 것처럼 말한다면 성교육 빵점 부모이니 지금부터라도 잘 배워야 한다.

부모에게 혼나는 아이는 왜 부모에게 마음을 닫는 걸까? 왜 성교육을 할 때는 화를 내면 안 될까?

심리학자의 말에 의하면, 누가 나에게 화를 내면 사람의 뇌에서는 2가지 반응이 나타난다고 한다. 첫 번째는 두려움, 두 번째는 분노이다. 처음에는 두렵고, 그 다음은 왜 나한테 화를 내는가라는 분노가 나타난다. 세상에서 가장 사랑하는 나의 부모가 나에게 화를 내면 아이들은 두려움과 분노가 생긴다.

우리 뇌는 같은 자극이 계속되면 예민해진다. 비슷한 느낌만 와도 자기도 모르게 뇌에 자극이 온다. 누군가의 표정이 안 좋아도, 누가 큰 소리를 쳐도 그 모습을 보면 자기도 모르게 뇌에 자극이 와서 분노와 두려움을 느끼면서 스트레스를 받는 것이다. 아이를 자주 혼내거나 아이에게 자주 잔소리를 한다면 아이의 뇌는 예민해져서 분노와 두려움을 자주 느낄 수 있다. 한 번 뇌에 자극을 주면 평생 이런 트라우마가 있게 되는 것이다. 그래서 부모가 자주 혼내는 건 좋지 않다.

교육을 했을 때 한 번에 잘 듣는 아이는 없다. 특히 초등학교 저학년까지는 교육할 때 난감하다. 부모가 성교육을 하면 아이들은 딴 말하고, 관심도 없고, 집중도 하지 않고, 심한 경우에는 울면서 징징대기도 한다. 이러면 부모들은 교육하면서 자기도 모르게 분노하게 된다. 그러면서 이렇게 말한다.

"너 혼자 있어. 엄마 나갈 거야."

"너 혼자 알아서 해. 엄마는 더 이상 안 해."

내가 어릴 때 엄마한테 들었던 말 중에 아직도 기억에 남는 말이 있다. 엄마와 함께 길을 걷던 중이었는데 길거리에서 엄마가 이런 말을 했다.

"너 한 번만 더 울면 엄마는 너 버리고 갈 거야."

물론 진짜 버리려고 한 말은 아니다. 하지만 부모한테 이런 말을 들으면 아이는 정말 무서워한다. 아이들은 부모가 눈앞에 보이지 않으면 없어졌다고 생각한다. 아이들은 부모가 생각하는 것보다 훨씬 많이 부모를 사랑한다. 아이들의 머릿속에는 부모밖에 없다고 생각해도 된다. 아이들의 머릿속에는 부모밖에 없는데 그런 부모가 없어진다는 건 정말 너무 큰 두려움과 공포이다. 그러므로 아무리 화가 나도 그런 말을 하면 안 된다.

초등학교 고학년쯤 되면 아이는 부모가 "너 말 안 들으면 너랑 같이 안 있는다."라고 하면 "그래. 나가든가 말든가."라고 반응한다. 이런 말을 듣고 부모가 더 세게 "너는 부모 없이 살아 봐야 정신 차릴 거야."

라고 말해도 초등학교 고학년 아이는 대부분 "그러든가 말든가." 하는 반응이다.

아이가 나이를 먹으면서 세상 돌아가는 사정을 알게 되어서 그런 거 아닐까라는 생각을 하는 부모들도 있지만 그건 아니다. 어릴 때부터 부모에게 이런 말을 들어서 점점 불안을 견디는 능력이 커졌기 때문이다.

아이들은 주변 사람들이 화를 내면 자기도 모르게 두려워하게 되고 트라우마가 생길 수 있다. 그래서 평소에 아이에게 화를 내거나 강하게 혼내면 안 된다. 공부를 안 한다고 혼내고, 이를 안 닦는다고 혼내고, 장난감을 안 치운다고 혼내고, 이런 식으로 아이를 자주 혼내면 아이는 점점 '내가 할 수 있는 게 없구나. 나는 제대로 하는 게 하나도 없구나.'라고 생각하게 된다.

특히 성교육을 할 때는 더 조심해야 한다. 부모들 중에도 성이라는 단어를 쓰기 부끄러워하고 민망해하는 사람들이 있다. 성이라는 단어를 부끄러워하는 이유는 성을 은밀한 곳에서 하는 성행위, 성관계라고만 생각하기 때문이다. 사실 성은 이상한 게 아닌데 부모들 세대는 이런 식으로 배워서 그런 것 같다. 그런데 아이에게 성교육을 할 때 화를 내거나, 기다려 주지 않고 하루 만에, 1주일 만에 다 끝내려고 한다면 아이들의 기억 속에 성은 정말 부정적으로 자리 잡게 될 것이다.

성교육은 아이의 인성 교육이다. 그리고 성교육을 통해서 부모하고 더 가까워질 수 있는 정말 중요한 기회를 얻을 수 있다.

후배 중에 이름이 김성기라는 개그맨이 있다. 이름이 독특하다.

그래서 학창 시절에 이름을 보고 다들 이상한 생각을 하고 실제로 놀림을 받았다고 한다. 김성기가 고등학교에 진학했을 때 반 배정을 받고 처음으로 출석부를 부를 때 일이었다.

서로 모르는 친구들이라 출석을 부를 때 서로의 이름을 듣고 기억하는 분위기였는데 선생님이 이름을 불렀다. '6번 김성기'. 모든 학생이 웃었다. 하지만 김성기는 자기 이름이 섹시하다고 생각했기 때문에 별로 충격을 받지 않았다. 선생님은 계속 출석을 불렀다. '15번 오남근'. 모든 학생이 깜짝 놀랐다. 그리고 '26번 조명기'. 교실은 웃음바다가 되었다. 마지막으로 선생님이 말했다.

"일 년 동안 너희들 담임을 맡은 한정자 선생님이다."

이 이야기를 하면 재미있어 하는 사람도 있고 부끄러워하는 사람도 있다. 왜냐하면 우리가 보는 미디어에서 성은 대부분 부정적이기 때문이다. 뉴스에서 성은 범죄와 연관돼서만 나온다. 성폭행 사건으로 검거된 범인이나 성추행, 성희롱으로 재판받는 뉴스가 대부분이다.

그런데 성이라는 단어는 생각해 보면 정말 사랑스러운 단어이다. 두 남녀가 서로 만나서 사랑을 하고, 그 사랑이 더 커지면 성관계를 하게 된다. 솔직히 말해서 성은 부정적인 단어가 아니라 사랑스러운 단어이다. 사랑이 커지면 커질수록 서로를 더 사랑해 주는 게 성관계이기 때문이다.

내가 먼저 성이라는 단어를 사랑스럽다고 생각하지 않으면 아이들에게 성교육을 할 때 무척 힘들다. 그래서 부모들이 아이에게 성교육을 할 때 자신의 가치관부터 바꿔야 한다. 성이라는 단어가 나왔을 때 부끄러워하지 말고 사랑스럽게 생각하면 된다.

자, 지금부터 연습을 해 보자. 부정적인 성이 아니라 사랑스러운 성으로 생각하자. 아이가 갑자기 "아빠, 성관계해 봤어?"라고 물어봐도 부끄럽게 생각하지 말자. 그리고 아이에게 이야기해 주자.

> **아이** 아빠 성이 뭐야? 성관계해 봤어?
>
> **부모** 그럼, 아빠는 엄마를 너무 사랑하잖아. 엄마도 아빠를 사랑하고…. 오랫동안 서로 사랑해서 결혼도 했고, 그래서 당연히 서로 사랑하기 때문에 성관계를 해 봤지. 성관계를 해서 지금 세상에서 가장 사랑하는 우리 아이가 태어났잖아.

이렇게 이야기해 주면 된다. 아이는 자연스럽게 성은 부끄러운 게 아니고 사랑스럽고 아름답다는 생각을 하게 될 것이다. 머릿속으로 성을 사랑스럽게 생각하면 아이가 하는 어떠한 질문에도 잘 이야기해 줄 수 있게 된다.

만약 아이가 "임신은 어떻게 하는 거야?"라고 물어볼 때, 잘 설명할 수 있다면 아이의 눈높이에 맞춰서 이야기하면 되고, 잘 모른다면 솔직히 말하는 게 좋다.

> **아이** 엄마, 임신은 어떻게 되는 거야? 내가 어디서 나온 거야?
>
> **엄마** 질문해 줘서 고마워. 엄마가 모르는 부분도 있으니까 우리 같이 공부해 볼까?

그럼 아이는 부모와 함께 성을 배우면서 이후에도 성에 대해서 부모에게 질문할 것이다. 중요한 건 절대로 아이가 성에 대해서 물어볼 때 혼내면 안 된다는 것이다. 우리 부모가 그랬던 것처럼 화를 내고 무시한다면 내 아이는 나에게 두 번 다시 성에 대해서 물어보지 않을 것이다. 그리고 친구가 알려 주는 잘못된 성을 배우게 될 것이다.

항상 아이의 이야기에 공감해 주고 들어 준다면 성 문제뿐만 아니라 아이의 이성 친구 혹은 고민을 부모에게 털어놓는 관계가 될 수 있다. 자기 고민을 털어놓는 사람은 바로 내 이야기를 잘 들어 주고 공감해 주는 친구이다. 부모가 아이의 절친이 되어서 공감해 주고 이야기를 들어 준다면 무슨 일이 생겼을 때 가장 먼저 부모에게 이야기할 것이다.

잘못된 성교육이 정말 무서운 범죄가 되는 걸 성교육 강의를 하면서 많이 보았다.

다음 사례에 나온 어머니를 생각하면 지금도 마음이 아프다. 자식 교육을 위해서 열심히 일을 하는데 자식이 나쁜 길로 가게 되어서 울던 모습이 안타까웠다.

성교육은 정말 중요하다. 단순히 성에 대해서 배우는 게 아니라 부모와의 소통이다. 아이의 어떠한 질문도 화내지 않고 당황해하지 않고 웃으면서 진지하게 들어 주면 아이는 정말 건강한 성인식을 가지게 될 것이다.

성범죄로 처벌받은 15살 된 중학생을 만났다. 나를 봤을 때 인사를 하면서 "진짜 개그맨이에요?"라고 물어보면서 장난을 치는 평범한 학생이었다. 이 학생은 선생님과 친구들에게 성희롱과 성추행으로 학교에서 처벌받은 일이 있었다. 이 학생과 상담을 하면서 내가 느낀 건 잘못된 성 가치관이었다.

이 학생은 성인 코미디 프로그램에서 나오는 말을 선생님이나 학생들에게 말하면서 즐거워했고, 친구들이 말한 성 경험을 듣고 실제로 주변 사람에게 성추행을 했다. 충격적인 건 나와 상담할 때 쓰는 단어들이었다. 야동에 나옴직한 비속어를 쓰면서 모든 사람을 성적 대상으로 생각했고, 자기가 성관계를 많이 했다는 식으로 자랑도 했다. 학교에서 징계를 받고 성폭력 예방 교육도 받았지만 재미삼아 한 행동이고, 자기가 하는 섹드립을 주변 사람들이 좋아하다고 생각했다.

상담이 끝나고 학생은 나간 뒤에 이 학생의 엄마가 들어오면서 갑자기 눈물을 흘리셨다. 생계 때문에 일을 하다 보니 집에 자주 없었고, 아이와 대화가 없다 보니 성교육을 시킨 적이 없다고 했다. 그리고 아이의 말투가 아빠와 똑같다고 하면서 남편이 말을 함부로 한다고 했다. 아이가 학교에서 성희롱적인 말을 하고 다닐 때 아빠가 정말 심하게 혼내고 체벌도 했는데 고쳐지지 않았다고 했다.

"

성은 자연스럽게 알게 되는 것 아냐?
나이 먹으면 다 알게 되는 건데
부끄럽게 성교육을 왜 받아야 하는 거야?
이렇게 생각하는 부모라면 꼭 부모부터 성교육을 받아야 한다.

"

2

아이 성교육은
부모가 변해야 해요

"아이는 부모가 하라는 대로 하지 않는다. 부모가 하는 대로 한다."

정말 맞는 말이다. 아이를 교육시킬 때 아무리 말로 해도 잘 따르지 않는다. 왜냐하면 부모가 그렇게 하지 않기 때문이다. 아이한테 "핸드폰 너무 보지 말고 책 좀 봐."라고 말하지만 부모가 집에서 핸드폰을 제일 많이 본다.

최근에 있었던 일이다. 우리 아들이 팬티 속에 손을 넣고 있는 모습을 보았다. 나는 깜짝 놀랐다. 왜냐하면 내가 텔레비전 볼 때 하는 행동이기 때문이다.

'발을 만지고 냄새를 맡는 행동'

'아내의 엉덩이를 때리는 행동'

'코딱지를 파서 소파 밑에 묻히는 행동'

'소변을 보고 바지에 손을 닦는 행동'

'겨드랑이를 만지고 냄새를 맡는 행동'

내가 하는 행동들을 아이가 따라 하는 모습을 보고 충격을 받았다. 아이는 정말 부모가 하는 행동을 그대로 하는 것 같다. 성교육도 똑같다. 아무리 부모가 성교육을 잘해도 집에서 실천하지 않으면 아이는 따라 하지 않을 것이다.

실제로 내가 경험했던 일이다. 나는 혼자 자취할 때 옷을 입지 않았다. 잠을 잘 때도 속옷을 입지 않고 잤다. 사람마다 취향이 있듯이 나는 이게 힐링이고 휴식이었다. 결혼하고 나서도 홀딱 벗고 싶었지만 아내를 위해서 속옷만 입었다.

내가 속옷만 입으니까 아내도 그 모습을 보고 따라 했다. 역시 부부는 일심동체다. 그러다가 아이가 태어났다. 하루는 아들이 유치원에 다녀오자마자 집에서 옷을 벗고 속옷만 입고 있었다. 그래서 아들에게 물어보았다.

아빠 아들 날씨도 추운데 왜 속옷만 입어요? 옷 입으세요.

아들 집에서는 속옷만 입어야지. 옷 입으면 안 돼.

아빠 왜 그래야 하는데?

아들 엄마, 아빠가 속옷만 입으니까….

아들이 샤워를 할 때도 욕실에서 옷을 벗지 않고 방에서부터 옷을 벗고 나체로 걸어서 욕실에 들어갔다. 이 행동도 아빠인 내가 했던 행동이다. '나는 언제부터 그랬을까?' 생각해 보니 어린 시절에 부모님이 했던 행동이 생각났다. 결국 대를 이어서 우리 아들에게까지 이어진 거였다. 황씨의 나체 전통이 이렇게 이어져 왔다.

그런데 전통은 깨지기 마련이다. 누군가가 그 악습을 끊어야 한다. 그래서 나는 실천했다. 내가 변해야 한다고 생각했다. 일단 집에서 옷을 입기 시작했다. 그럼 아이도 분명히 옷을 입을 거라 생각했지만 1주일, 1개월이 지나도 아이는 속옷만 입은 채로 생활을 했다.

'그래, 몇 년 동안 그런 모습을 봤는데 변하기 쉽지 않겠지.'

그래서 캐릭터가 있는 잠옷을 아내와 같이 입었다. 그제야 관심을 보이면서 아이도 잠옷을 입기 시작했다. 여기서 중요한 건 바로 일반 잠옷이 아니라 뽀로로 잠옷이라는 것이다. 아이의 눈높이에서 실천하면 모든 게 가능한 것 같다.

사람마다 초능력이 있다고 한다. 바로 누군가를 똑같이 복제하는 복제 초능력이다. '친구 따라 강남 간다.'는 말은 바로 복제 능력이 있기 때문이다. 순진하고 착했던 아이가 불량한 아이들하고 어울리면서 담배 피고 사고 치는 것을 본 적이 있을 것이다. 바로 복제 능력 때문이다.

공부를 잘하고 싶다면 공부를 잘하는 친구와 친해지면 자기도 모르게 공부를 잘하게 될 것이다. 재미있는 사람이 되고 싶다면 재미있는 친구 옆에 있으면 자기도 모르게 그 친구의 말투와 웃음소리가 비슷해지게 된다. 나도 주변에 재미있는 친구들이 있어서 개그감이 많이 발전했다.

그렇다면 사람은 살면서 누구를 가장 많이 복제할까? 바로 함께 사는 가족이다. 그중에서도 부모의 모습을 가장 많이 복제한다. 어느 순간 자기도 모르게 아버지와 걸음걸이가 비슷해지고, 자기도 모르게 엄마의 성격을 그대로 닮아 가는 걸 느끼게 된다.

부모가 변하지 않으면 아이는 절대 변하지 않는다. 아이를 착하게 키우고 싶다면 부모가 착한 사람이 되면 된다. 아이에게 올바른 성을 알게 하고 싶다면 부모가 먼저 성을 아름답게 생각하면 된다. 고민하지 말고 지금 당장 변하면 된다. 우리 아이를 위해서….

66

부모가 변하지 않으면 아이는 절대 변하지 않는다.
아이에게 올바른 성을 알게 하고 싶다면
부모가 먼저 성을 아름답게 생각하면 된다.

99

3

아이의 이성 교제
허락해도 될까요?

중학생 딸이 집에 남자친구를 데려왔다. 그리고 자기 방에서 같이 공부를 한다고 했다. 부모는 혹시나 하는 마음에 방에서 뭐하는지 소리를 엿들었다.

여학생 음~ 안 된다니까…. 집에 엄마도 있는데 안 된다고….
남학생 괜찮아. 방문 닫고 있어서 아무도 모를 거야. 절대 안 걸려.

부모는 문을 열고 들어갈까 망설이다가 일단 이야기를 더 들어 보았다. 그런데 쪽쪽 빠는 소리가 들렸다.

여학생 음~ 쪽쪽. 들키면 어쩌려고 그래.

남학생 괜찮아. 절대 안 들켜. 쪽쪽. 음~ 솔직히 네가 더 원했잖아.

엄마가 너무 당황해서 문을 열려고 하자 아빠가 조금만 더 들어 보자고 했다.

남학생 괜찮아. 마음 편하게 하자. 쪽쪽~.

여학생 아잉, 나도 몰라. 나중에 부모님한테 걸리면 네가 책임져.

부모는 더 이상 참지 못하고 문을 열었다. 그랬더니 방에서 아이들이 족발을 먹고 있었다. 돈이 많지 않아 미니 족발을 사서 둘이 부모 몰래 먹었던 거였다.

강의를 다니면서 어머니들이 가장 물어보는 질문 가운데 하나가 바로 "우리 아이 이성 교제 허락해야 할까요?"이다. 그때마다 나는 이런 말을 한다.

"어머님은 학교 다닐 때 오빠들 안 만났어요?"

"어릴 때 했던 이성 교제가 더 설레지 않으세요?"

"학창 시절에 모쏠이셨나요?"

부모들은 학창 시절에 몰래 이성 교제를 했으면서 왜 자식들은 이성 교제를 하지 않으면 좋겠다고 말하는 건지 모르겠다. 전형적인 내로남불이다. 나는 이성 교제는 허락하는 게 맞다고 말한다. 더 나아가서 아이가 이성 교제하는 걸 관심 없는 척하라고 한다.

학창 시절에 연애를 하는 것은 어른이 되어 가는 과정 중 일부이다. 그때 했던 사랑과 이별이 가수를 꿈꾸는 사람에게는 명곡의 원천일 수도 있고, 작가를 꿈꾸는 사람에게는 베스트셀러의 소재가 될 수도 있다.

그만큼 학창 시절의 연애는 의미가 있다. 그래서 한 번쯤은 이성 교제를 해도 좋다고 생각한다. 그런데 왜 부모들은 아이의 이성 교제를 반대할까? 이유는 아주 간단하다. 아이가 이성 교제를 할 때 '진한 스킨십이나 성관계를 하는 것 아닐까?' 하는 노파심 때문이다. 물론 이것 때문만이 아닐 수도 있다. 하지만 내가 강의를 할 때 질문하는 부모들은 대부분 이런 고민으로 이성 교제를 반대했다.

나는 부모들의 마음을 이해할 수 있다. 나 역시 부모가 되고 보니 불안하기 때문이다. 하지만 앞에서 말한 것처럼 우리가 성을 부정적이고 부끄럽게 생각하지 않고 아름답고 사랑스럽게 생각한다면 아이들의 이성 교제도 조금 더 긍정적으로 생각할 수 있다. 그동안 성교육 강의를 하면서 알게 된 내용으로 아이들의 이성 교제를 분석해 보았다.

사귀는 것보다 헤어지는 게 더 중요하다

이성 교제에서 가장 중요한 건 누구를 좋아해서 사귀는 것보다 잘 헤어지는 방법이다. 이런 말이 있다.

"장미가 좋아서 꺾었더니 날카로운 가시가 있더라."

아이들이 처음 하는 사랑은 무척이나 어설프다. 그래서 상처를 받는다. 아무것도 모르고 장미가 좋아서 꺾었다가 날카로운 가시에 찔려

피가 나는 것은 장미에게 가시가 있다는 걸 모르기 때문이다. 장미에게 가시가 있다는 걸 알았다면 함부로 장미를 만지지 않을 것이다.

이성 교제에 대한 경험이 없는 아이들에게 부모는 이성 친구를 잘 만나는 방법을 알려 주어야 한다. 그렇게 하면 교제가 끝나고 이별을 했을 때 마음은 아프겠지만 상처는 덜할 것이다.

아이가 누구를 좋아해서 사귀게 되면 꼭 이 말을 해 주어야 한다.

"혹시라도 지금 사귀는 친구가 싫어질 수 있어. 그럼 참지 말고 헤어지자고 말하면 돼."

한창 이성 교제를 하며 행복한데 그런 이야기를 들으면 아이가 황당해하거나 화를 내기도 할 것이다. 아이의 반응이 그럴지라도 단호하게 말해 주어야 한다. 왜냐하면 학창 시절의 연애는 정말 얼마 가지 못하기 때문이다. 간혹 오래 가는 아이들도 극소수 있지만 평균적으로는 길어도 3~6개월이면 헤어진다.

내가 강의할 때 이런 말을 하자 어떤 어머니가 이렇게 말했다.

"강사님, 초등학교 동창이랑 결혼한 연예인 커플도 있잖아요."

사실이다. 초등학교 때 동창이랑 결혼한 커플이 존재한다. 내가 알기로는 배우 차태현 씨, 아나운서 장성규 씨가 초등학교 동창과 결혼했다. 그럼 이 커플들은 교제 기간이 20~30년 되는 걸까? 절대 아니다. 차태현 씨나 장성규 씨도 초등학교 때 만나다가 헤어지고 다른 사람과 연애를 하고 난 뒤 다시 만나서 결혼했다.

다시 말해 아이들의 연애는 교제 기간이 짧다. 이걸 받아들여야 한다. 누구를 좋아하는 건 사춘기 시절에 아주 당연한 것이다. 중요한 건 아이들이 헤어지는 방법을 잘 알지 못한다는 것이다. 그래서 이별하는 방법을 부모가 알려 주어야 한다. 부모는 아이에게 "네가 만나는 이성 친구가 싫어지면 헤어져도 돼."라고 말해 주고, 헤어지는 건 배신도 아니고 나쁜 짓도 아니라는 걸 말해 주어야 한다. 누구를 만나고 헤어지는 건 아주 자연스러운 현상이라는 걸 알게 해야 한다.

초등학교 고학년이 되면 용기 있는 아이들은 좋아하는 사람에게 고백을 한다. 그 나이 아이들은 순수하기 때문에 누가 자기를 좋아하면 사귀게 된다. 하지만 평소에 관심 없는 친구가 고백을 한 것이라 좋아하는 마음이 오래 가지 못한다. 그래서 그 친구를 생각하는 감정이 친구 이상 되지 않을 때, 혹은 그 친구가 싫어질 때 망설이지 말고 헤어지자고 이야기하는 게 맞다.

"우리 잘 만났지만 서로 잘 안 맞는 부분도 있는 것 같아. 우리 그만 만나자."

"미안한데 너한테 친구 이상의 감정이 생기지 않아. 우리 그만 헤어지자."

"너 참 좋아. 그런데 난 지금 누구를 사귀고 싶지 않아. 우리 헤어지자."

이런 식으로 부모들이 아이에게 헤어지는 방법을 잘 설명하고 교육해야 한다.

반대 입장에서 나는 아직 좋아하는데, 내가 싫다고 이별 통보를 받는 경우도 있다. 처음으로 겪는 이별은 정말 상상 이상으로 아플 것이다. 이럴 경우 아이에게 부모가 미리 이별에 대해서 설명해 주었다면 아이는 상처를 덜 받고 이별에 대해서 좌절감도 덜할 것이다. 이별을 통보받은 아이 입장에서는 '나는 쓸모없는 사람인가?', '왜 나를 싫어하지?', '내가 매력이 없나?'라는 생각으로 혼자 괴로워할 수 있고 자존감이 많이 떨어질 수 있다. 그러므로 부모들이 아이에게 평소에 누구나 이별을 할 수 있는 거라고 말해 주는 게 좋다.

"누구를 좋아하는 감정이 있으면 사귀는 거고, 서로 만나다가 좋아하는 감정이 없어지면 자연스럽게 헤어지는 거야. 그건 절대로 잘못된 게 아니야. 아주 자연스러운 거야."

"좋아하지도 않는데 미안해서 헤어지지 못하는 게 더 상처가 될 수 있어."

"너를 좋아하는 친구에게 상처가 될까 봐 말을 하지 못하는 건 그 친구를 존중하지 않는 거야."

"이성 친구가 아무리 너한테 잘해 주고 널 잘 챙겨 줘도 네가 불편하고 좋지 않다면 헤어지자고 말하는 게 맞아."

이별을 통보받은 아이에게는 이렇게 말해 준다.

"잘 만나다가 네가 싫어지는 경우가 있어. 그건 당연한 거야. 그 친구의 말을 존중해 줘야 해."

"너한테 이별을 통보했다고 그 친구가 나쁜 사람은 아니야."

"엄마, 아빠도 수많은 이별을 했기 때문에 지금 세상에서 제일 사랑하는 사람을 만나서 결혼했잖아."

아이에게 헤어지는 방법을 알려 준다면 이별할 때 상처를 덜 받고, 그 순간 자기가 어떻게 해야 하는지 미리 준비할 수 있고, 그 과정에서 더 성장해 나갈 수 있다. 잘 헤어지는 방법을 아는 아이는 마음속에 단단한 근육이 생겨서 이별의 상처를 잘 극복할 수 있다.

초등학생의 이성 교제

초등학교 1~5학년까지는 아이가 이성 교제를 한다고 해도 걱정하지 않아도 된다. 이유는 아주 간단하다. 오늘 사귀고 내일 헤어지기 때문이다. 심지어 1교시에 사귀고 2교시에 헤어지는 경우도 있다. 아이들은 정말 순수하다. 부모들이 생각하는 음란마귀는 절대로 없다. 사귀는 이유도 정말 재미있다.

"글씨가 틀렸는데 지우개를 빌려 줘서 사귀게 되었어요."

"급식 먹을 때 고기 먹으라고 줬어요."

"제가 핑크색을 좋아하는데 핑크색 티셔츠를 입은 모습을 보고 좋아졌어요."

내가 들었던 이야기 중 가장 황당하게 사귄 케이스도 있다.

"가위바위보를 하는데 똑같은 것을 연속으로 5번 내어서 사귀게 되었어요."

헤어지는 경우도 정말 재미있다.

"나랑 사귀는데 다른 애한테 젤리를 줘서 헤어졌어요."

"학교 끝나고 같이 안 가서 헤어졌어요."

"글씨를 못 써서 헤어졌어요."

"내가 좋아하는 가수를 안 좋아해서 헤어졌어요."

정말 아이들의 순수함을 느낄 수 있는 연애 스토리 아닐까 싶다.

그래서 초등학교 저학년 부모들은 너무 예민하게 생각하지 않아도 된다. 초등학생의 경우 아이가 연애를 한다고 느끼는 시그널이 있다.

'옷에 관심 없던 아이가 옷에 신경 쓰는 경우'

'아침에 양치질도 안 하고 일어나자마자 학교 가던 애가 어느 순간 깨끗해지는 경우'

'화장을 몰래 하는 경우'

'책가방 속에 쪽지 편지가 들어 있는 경우'

이런 상황이면 아이가 누구를 좋아하거나 누군가와 연애를 하고 있다고 봐도 된다. 이때 부모들은 아이가 처음 시작하는 연애에 관심이 많아서 아이에게 물어본다.

"오늘 만났어? 오늘 그 친구하고 뭐했어?"

제일 좋은 것은 부모가 말하기 전에 아이가 부모한테 자기가 연애하고 있다는 걸 말해 주는 것이다. 그러기 위해서는 어린 시절부터 아이와 관계를 잘 맺어야 한다. 아이가 연애를 하면 상대 친구에 대해 궁금해진다. 아이와 사귀는 친구가 좋은 애인지 나쁜 애인지 알아보기 위해서 여기저기 물어보기도 한다. 물론 좋은 아이와 만나면 참 좋겠지만 그렇지 않은 아이를 만날 수도 있다. 그럴 경우에도 불안해하지 말고 아이에게 올바른 성교육, 건전한 이성 교제에 대해 잘 이야기해 주어야 한다. 그러면 어떤 상황이 와도 아이가 현명하게 대처할 수 있다.

세상에는 정말 많은 사람이 있다. 그중에는 누가 봐도 나쁜 사람도 있다. 아이가 늘 좋은 사람만 만나면 좋겠지만 그러지 못할 수도 있다. 살다 보면 나쁜 사람을 만날 수도 있다. 그럴 때 아이에게 무조건 만나지 말라고 하는 게 부모의 역할이 아니다. 아이가 알아서 그 사람은 나쁜 사람이라는 걸 판단할 수 있게 가르쳐 주는 게 부모의 역할이다. 부모가 화를 내거나 아이가 좋아하는 이성 친구를 나쁜 사람으로 몰아간다면 아이는 더 이상 부모에게 자신의 연애에 대해서 이야기하지 않을 것이다.

초등학교 6학년이 되면 아이들은 신체도 어느 정도 발달되고 부끄러움을 알게 되어서 누구와 이성 교제를 하는 게 쉽지 않다. 이때 이성 교제를 하게 되면 학교에서 만나는 것으로 끝나지 않고 코인노래방이나 분식집, 좀 빠른 아이들은 영화관에 가기도 한다. 극소수이지만 초등학교 고학년 때 스킨십을 하는 경우도 있다. 이 경우에도 내 몸이 소중하고 상대방의 몸도 소중하다는 것을 부모가 어린 시절부터 잘 알려 준다면 건정한 이성 교제를 하게 된다.

중·고등학교(청소년)

2021년 질병관리청 조사에 따르면, 우리나라 청소년들의 첫 성관계 나이는 14.1세로 밝혀졌다. 강의할 때 이런 이야기를 하면 부모들은 충격을 받는다. '내 아이도 그러면 어떡하지?'라는 생각을 한다. 이 결과는 모든 아이가 14.1세에 성관계를 시작한다는 게 아니라 95%는 성경험이 없고 성경험이 있는 5%의 청소년을 대상으로 몇 살에 했는지 조사한 결과가 14.1세라는 것이다.

청소년 시절에 이성 교제를 한다고 해서 성관계까지 이어지는 건 쉽지 않다. 아이들이 스킨십을 하는 곳이 대부분 정해져 있기 때문이다. 코인노래방, 멀티게임방, 학원 옥상, 학원 지하실, 아파트 놀이터, 친구 자취방, 빈집(맞벌이 부부가 많아서 아무도 없는 집이 많다.) 그런데 이 곳들에서는 사실 성관계를 하기 쉽지 않다. 왜냐하면 언제든지 사람이 올 수 있는 공간이라는 걸 아이들도 잘 알고 있기 때문이다.

공공장소에서 스킨십을 하는 것은 정말 좋지 않다. 그 이유는 CCTV가 설치되어 있기 때문이다. 정말 안타까운 사례가 있었다. 서로 사귀는 학생이 멀티방에서 스킨십을 했는데 가게 알바생이 CCTV에 찍힌 영상을 음란 사이트에 유포한 것이다. 그 영상이 퍼지자 학생들은 학교를 그만 두었고, 극단적인 선택을 시도하기도 했다.

아이들에게 공공장소에서의 스킨십은 범죄에 노출될 수 있다는 경각심을 일깨워 주어야 한다. 극단적인 예시를 들다 보니 청소년기 아이들의 이성 교제가 더 염려스럽겠지만 나는 청소년기 아이들의 이성 교제도 허락해야 한다고 생각한다. 건전한 이성 교제는 학창 시절의 소중한 추억이 될 수 있다. 부모가 친구처럼 아이의 연애 이야기를 들어 주고 공감해 준다면 건강한 이성 교제가 가능하다. "공부해야지, 무슨 연애야?"라고 화를 내면서 반대한다면 아이는 점점 부모에게 말하지 않고 이성 교제를 할 것이다.

66

학창 시절의 연애는 어른이 되어 가는 과정 중 일부이다.
그때 했던 사랑과 이별이 가수를 꿈꾸는 사람에게는
명곡의 원천일 수도 있고, 작가를 꿈꾸는 사람에게는
베스트셀러의 소재가 될 수도 있다.

99

4

요즘 아이들은 스마트폰으로
성교육을 배워요

유아에게 스마트폰을 보여 주는 상황이 있다. 부모들에게 물어보니 1위는 공공장소에서 아이를 통제하기 위해서였다. 사람들이 많은 곳에서 아이가 울거나 떼를 쓰면 정말 힘들기 때문에 그럴 것이다. 2위는 부모의 개인 시간을 확보하기 위해서였다. 부모도 좀 쉬어야 하니까…. 3위는 식사를 하거나 육아를 하다가 급한 일을 할 때였다.

이렇게 스마트폰에 노출된 아이들은 청소년이 되면 스마트폰에 많이 의존하게 된다. 특히 요즘 대학생들은 스마트폰의 노예가 아닐까 싶을 정도이다. 모든 걸 다 스마트폰으로 시작한다. 친구를 만나도 서로 이야기를 나누지 않고 스마트폰을 보는 경우도 있다.

아이에게 스마트폰을 언제 주는 게 좋을까?

사람마다 의견이 다를 텐데 나는 아이의 스마트폰 사용을 최대한 늦게 하는 게 좋다고 생각한다. 늦으면 늦을수록 아이가 부모와 함께 하는 시간이 많아질 수 있기 때문이다. 스마트폰을 주는 순간 아이는 자기만의 시간을 중요하게 생각하게 된다. 물론 모두 그런 건 아니겠지만 내가 강의를 다니면서 학생들에게 물어보면 스마트폰이 생긴 순간부터 혼자 시간을 보내는 경우가 많아졌다고 한다.

맞벌이 부부 입장에서는 아이와 연락하기 위해 어쩔 수 없이 스마트폰을 주는 경우가 있다. 그런데 너무 일찍 스마트폰을 주면 아이는 아무것이나 누르고 이상한 사이트에 들어가기도 한다. 아이가 보면 안 되는 영상 혹은 사진을 보면서 충격을 받기도 한다. 그래서 초등학교 때는 스마트폰이 아니라 전화만 가능한 폰을 주고, 스마트폰은 중학교 때 주는 게 좋다고 생각한다.

중학생이 되면 스마트폰이 없는 게 더 이상하고 불편할 수 있다. 친구들은 다 있는데 나만 없으면 친구들과 소통도 힘들고 대화에도 낄 수가 없다. 밴드를 통해서 수업을 공지하기도 하고 단톡방을 만들어서 친구들끼리 이야기하기 때문에 중학생이 되면 어쩔 수 없이 스마트폰을 주어야 한다.

아이들은 빠르면 초등학교 고학년부터 중학생 정도 되면 자연스럽게 친구들로부터 이런 이야기를 듣는다.

"너, 그거 봤니?"

"그거 진짜 볼 만하지 않니?"

이런 이야기를 하면서 서로 웃고 즐거워하는 친구들을 보면서 아직 그런 것을 접하지 못한 아이는 궁금해한다.

"나는 왜 모르는 걸까?"

"나도 그걸 보고 친구들하고 같이 공감하고 이야기하고 싶다."

친구들이 말하는 건 바로 청소년이 보면 안 되는 음란물이나 폭력적인 영상들이다. 이런 식으로 아이들은 친구들로 인하여 자연스럽게 음란물을 보게 된다. 그런데 학교에서 자기만 외톨이가 되기 싫어서, 친구들하고 어울리기 위해서 자신의 의지와 상관없이 보는 경우도 많다.

부모들 중에 이런 이야기를 하는 사람이 있다.

"우리 애는 안 봐요. 그걸 보는 애들만 보는 거지 다 그런 건 아니잖아요."

그런데 어른들도 「오징어게임」같이 전 세계적으로 흥행한 작품을 안 보면 자기만 그 이야기에 끼지 못해서 소외당하는 기분이 들지 않는가? 아이들도 비슷하다. 그래서 부모가 아이에게 미리 교육을 통해서 그런 영상을 보게 되더라도 '지금 내가 봐야 하는 게 아니구나.'라는 생각을 할 수 있게 해 주어야 한다.

우리 엄마 엉덩이 보여 드리죠

엄마 모습을 몰래 찍어서 업로드한 초등생이 있었다. 정말 충격적인 사건이었다. 극소수이긴 하지만 초등학생이 엄마를 상대로 몰래 사진을 찍거나 영상을 찍어서 친구들에게 보여 주고 심지어 SNS에 업로드하는 일이 유행처럼 일어나고 있다. 일명 '엄마 몰카'라고 하는데, 엄마가 자는 모습, 옷을 갈아 있는 모습, 샤워하는 모습, 엄마의 특정 신체 부위를 자세하게 찍어서 SNS에 업로드하는 것이다.

초등학생의 채널로 제목도 '엄마 몰카', '엄마 엉덩이', '엄마 자는 모습'이라고 나와 있다. 추천·구독 수를 일정 이상 넘기면 "엄마의 엉덩이를 보여 주겠다."고 공약을 내걸기도 한다. 심지어 라이브 방송에서 초등학생이 시청자들하고 소통하면서 이런 말을 한다.

"엄마 엉덩이 보고 싶은 사람 손 드세요. 오늘은 엄마 엉덩이를 보여 드리겠습니다."

그리고 그 학생의 엄마로 추정되는 여성의 엉덩이 사진을 보여 주며 아무런 죄의식도 없이 웃으면서 "이게 엄마 엉덩이입니다. 잘 봤죠?"라고 말한다. 이 영상은 내가 보던 당시 5만이 넘었다.

또 다른 초등학생은 자신의 엄마가 속옷만 입고 누워 있는 모습을 스마트폰으로 몰래 찍어서 채널에 올리고는 '25초에 엄마가 팬티를 입고 자는 모습이 나온다.'라고 적어 두기도 했다. 엄마의 모습을 몰래 찍어서 친구들에게 보여 주면서 자신의 엄마가 더 재미있지 않냐고 서로 경쟁하듯이 엄마 몰카를 자랑하기도 한다.

강의를 할 때 이런 이야기를 하면 부모들은 정말 큰 충격을 받는다. 그러면서도 내 아이는 절대 그러지 않을 거라고 생각한다. 하지만 강의가 끝나고 전해진 이야기들은 정말 충격이었다.

한 어머니가 혹시나 하는 마음으로 아이의 스마트폰을 열어 보았는데 가족 구성원의 사진을 몰래 찍은 게 있었다고 한다. 대부분 일상에서 찍은 사진이지만 노출이 있는 사진도 있었다고 한다. 이걸 알게 된 부모의 마음은 정말 하늘이 무너지는 기분일 것이다. 모르는 사람이라면 바로 몰카범으로 경찰에 신고하겠지만 내 자식인데 어떻게 신고를 할 수 있을까?

더 심각한 건 몰카의 피해자가 된 엄마는 아이 때문에 자신의 신체가 노출되었다는 생각에 괴로워하고, 주변 사람들이 자기 몸을 봤을까 하는 두려움에 집에서 나가지 못하는 일도 벌어진다. 이런 아이를 둔 부모는 정말 앞으로 어떻게 아이를 키워야 할지 막막하고 가슴이 찢어지는 고통을 느끼게 된다.

여기서 더 진화한 초등학생들은 자기 엄마뿐만 아니라 여동생이나 누나, 이모 그리고 친구 엄마까지 몰래 촬영하기도 한다. 이처럼 성교육 없이 주는 스마트폰은 정말 위험하다. 이런 행동을 하는 사람은 극소수라고 생각하고 싶지만 내가 강의를 다니면서 물어보면 아무 생각 없이 몰카를 찍는 아이가 반 정도 되었다. 그중에서 10퍼센트 정도는 노출이 있는 사진을 찍어 본 적이 있다고 했다.

왜 아이들은 이런 몰카 사진이나 영상을 찍을까? 결론은 아주 간단하다. 아이들은 이게 범죄인지 모르기 때문이다. 누군가의 사진을 동의 없이 찍는 걸 하나의 놀이라고 생각하는 것이다. 왜 아이들은 동의 없이 사진을 찍을까? 그건 바로 부모가 아이들의 사진을 아무런 동의 없이 스마트폰으로 찍었기 때문이다. 부모는 아이가 너무 귀여워서 찍고, 혼자 노는 모습이 너무 사랑스러워서 찍고, 우는 모습도 간직하고 싶어서 찍고, 기분이 안 좋은 모습도 그냥 찍고, 찍지 말라고 해도 재미있어 하며 찍는다.

부모라면 이런 적이 있을 것이다. 그 마음은 잘 안다. 예쁜 아이의 모습을 사진이나 영상으로 찍어서 힘이 들 때 보면 위로가 되기 때문에 막 찍는 것이다. 하지만 어릴 때부터 부모가 동의 없이 아이의 사진을 찍게 된다면 아이도 그걸 배워서 그대로 따라 할 수 있다. 아이들은 스마트폰이 생기면 부모가 했던 행동을 따라 하고 싶어 한다. 그래서 친구들이나 가족들의 사진을 찍을 때도 허락 없이 찍는 것이다.

지금이라도 아이의 사진을 찍을 때 몰래 촬영하지 말고 아이의 동의를 꼭 얻고 찍어야 한다.

"사진 찍어도 되겠니?"

그리고 아이에게 장난으로라도 원하지 않는 촬영은 범죄가 된다고 알려 주어야 한다. 특히 속옷을 입은 모습이나 신체가 노출된 모습을 촬영하면 처벌받을 수 있다는 것을 분명히 알려 주어야 한다.

딥페이크 범죄의 80%는 10대가 저지른다

딥페이크 범죄는 앞으로 스마트폰으로 하는 성범죄 중 몰카보다 더 커질 수 있다. 딥페이크는 인공 지능 기술을 활용해 기존 인물의 얼굴이나 특정 부위를 다른 사진과 합성한 영상으로 편집하는 것을 말한다. 쉽게 이야기하면 내 얼굴에 마동석의 몸을 합성해서 몸이 좋아 보이게 하는 기술을 딥페이크라고 한다. 요즘 나오는 스마트폰 어플에서도 많이 사용된다. 사진을 찍을 때 얼굴이 캐릭터로 변하거나 내 몸이 재미있는 모습으로 변하는 것도 딥페이크의 일종이다.

딥페이크와 아이들의 스마트폰 사용은 무슨 관계가 있을까?

보안 서비스 업체인 시큐리티 히어로는 「2023 딥페이크 현황 보고서」에서 딥페이크 성착취물에 등장한 인물 중 53%가 대한민국 국적이라고 밝혔다. 한마디로 전 세계 딥페이크 범죄 중 절반 이상이 대한민국에서 벌어진다는 말이다.

왜 대한민국에서 가장 많이 발생할까? 대한민국이 인터넷 보급률과 스마트폰 보급률이 세계 1위이기 때문이다. 2024년 경찰청에 따르면, 딥페이크 성범죄 피의자는 총 573명이며, 그중 10대는 463명으로 전체의 80.8%를 차지했다. 10대 중 형사처벌을 받지 않는 10세 이상 14세 미만 촉법소년은 94명으로 16.4%였다. 실제로 강의를 다니면서 보면 자신의 스마트폰으로 딥페이크를 하는 10대 청소년이 꽤 있다. 아마도 수면 위로 드러나지 않은 딥페이크 범죄는 더 많을 것이다.

그럼 아이들은 어떤 딥페이크 범죄를 하는 걸까? 대부분 자기가 좋아하는 아이돌 가수의 얼굴을 음란 영상 속 사람과 합성해서 친구들끼리 공유하거나 SNS에 업로드한다. 여기서 더 발전하면 친구들의 얼굴을 음란물에 합성하기도 하고, 선생님이나 주변 사람들의 얼굴로 딥페이크 범죄를 저지르기도 한다.

실제로 내가 성교육을 한 곳에서 딥페이크 범죄가 있었다. 그 학생에게 왜 했냐고 물어보니 이렇게 말했다.

"장난이에요. 재미있잖아요."

대부분의 청소년은 장난으로 딥페이크 영상을 만드는 경우가 많다. 스마트폰만 있으면 아무나 딥페이크를 아주 쉽게 만들 수 있다. 이

때문에 자기도 딥페이크 성범죄의 피해자가 될까 봐 불안감을 느끼는 학생이 많다. 성교육을 할 때 만난 학생들 중에 이런 불안감을 느끼는 학생이 있었다.

"주변 친구들이 스마트폰으로 딥페이크 영상을 만들어서 보여 주는데 내 얼굴을 넣어 준다고 하니까 무섭기도 하고 사람들이 진짜 나라고 오해하면 어쩌지 하는 생각이 들었어요."

강의를 하면 이런 질문들을 한다.

"딥페이크 영상은 티 나지 않아요? 좀 어색하잖아요. 영상 자체가…."

예전에 나온 영상은 어설펐다. 그래서 바로 합성인 게 보였다. 하지만 요즘 나오는 딥페이크는 정교하다. 영상에서 딥페이크라고 말하지 않으면 알 수 없을 만큼 기술이 좋아졌다. 사진은 더 정교해서 전문가들도 오랜 시간 분석을 해야 알 수 있을 정도의 수준이다. AI가 점점 발전해서 목소리도 정말 정교해지고 있다.

더 무서운 건 딥페이크 기술이 계속 발전하기 때문에 5년 정도 후에는 전문가들도 딥페이크 여부를 구분하지 못하게 될 수도 있다고 한다. 딥페이크 기술이 너무 좋아져서 내 사진 한 장, 내 목소리 한마디만 있어도 바로 딥페이크 영상으로 만들 수 있다. 그래서 딥페이크 범죄가 더욱 심각해질 수 있다.

그런데 아이들은 이게 범죄인지 모르기 때문에 장난으로 만들어서 유포하는 경우가 있다. 모르고 올렸다고 하더라도 이건 범죄여서 처벌을 받게 된다. 모 대학교에서 딥페이크 영상을 2,000개 이상 만들어서 유포한 학생이 징역 10년을 받았다. 옆에서 같이 도왔던 학생도 징역 4년을 받았다.

그러므로 아이들에게 스마트폰을 줄 때 부모의 교육이 중요하다. 아이에게 딥페이크로 영상이나 사진을 합성할 수는 있지만 성범죄자가 될 수 있다는 것을 꼭 말해 주어야 한다. 딥페이크로 음란 영상을 만드는 것뿐만 아니라 딥페이크 음란 영상이라는 걸 알고 시청하는 것도 범죄가 된다는 것을 알려 주어야 한다. 미성년자 딥페이크는 더한 처벌을 받는다. 그리고 내가 받은 딥페이크 영상을 친구에게 공유하는 행위도 당연히 범죄이니 절대로 유포하면 안 되고, 혹시 친구가 나에게 불법 딥페이크 영상을 보냈다면 보지 말고 친구에게 이렇게 말할 수 있게 교육해야 한다.

"이런 영상 나한테 보내지 마. 난 이런 거 안 봐. 이거 범죄라는 거 몰라?"

부모들도 딥페이크 범죄를 가볍게 생각하는 경우가 많다. 이유는 간단하다. 가짜이기 때문이다. 실제로 그 사람이 하는 게 아니라 가짜로 만든 것이니 피해자가 없다고 생각한다. 딥페이크 범죄를 저지른 10대 가해자들도 이런 말을 한다.

"내가 그 여자 만나서 직접 찍은 것도 아닌데 그게 왜 죄예요?"

내가 좋아하는 연예인, 내가 아는 이성 친구, 내가 아는 사람 얼굴을 내가 좋아하는 몸과 합성한 건데, 내가 실제로 만진 것도 아닌데 그게 왜 범죄냐고 묻는다.

하지만 실제로 딥페이크 피해자들은 자기가 아니라고 일일이 해

명을 하고 다녀야 한다. 피해자의 얼굴이나 나체를 합성하면 그걸 보는 다른 사람들은 피해자의 몸인지 딥페이크인지 구분할 수가 없다. 그 피해는 실제 피해자의 성적인 모습을 찍는 것과 다르지 않다. 실제로 피해자가 성폭력을 당하는 것과 같다는 말이다.

AI 기술이 발전하면서 목소리까지 똑같아지게 되어 해명을 해도 믿어 주지 않는 경우도 있기 때문에 피해자들은 더한 고통을 받고 우울증에 빠지게 된다. 결국 다니던 직장을 그만 두고 집에서만 생활하게 되거나, 심할 경우에는 극단적인 선택을 하기도 한다.

일부 청소년은 이성 교제를 하다가 헤어진 사람에게 복수를 하기 위해 딥페이크를 만들기도 한다. 실제로 복수하려고 헤어진 연인의 모습을 딥페이크로 만들어서 불법사이트에 올린 경우도 있다. 이걸 알게 된 피해 학생은 학교를 그만 두고 정신적인 고통을 호소했다.

혼자 보려고 몰래 영상을 만드는 청소년들도 있는데 핸드폰 수리를 맡겼다가 유포되거나 친구들한테 들켜서 유포되기도 한다. 그래서 아이들에게 음란 딥페이크 영상은 절대로 만들면 안 된다는 것을 꼭 가르쳐야 한다.

스마트폰은 아이들에게 꼭 필요하다. 하지만 부모가 제대로 교육을 하지 않으면 스마트폰으로 아이가 범죄자가 될 수 있다는 걸 알아야 한다. 생각보다 10대 아이들이 스마트폰으로 자기도 모르게 범죄자가 되는 경우가 정말 많다.

66

아이들은 성의 대부분을 스마트폰으로 배운다.
스마트폰을 아이에게 줄 때 제대로 가르쳐 주지 않으면
잘못된 성교육을 배우게 된다.

99

5

SNS를 통해
잘못된 성교육이 퍼지고 있어요

　요즘은 젊은 사람들뿐만 아니라 나이가 있는 어르신들도 SNS 계정을 가지고 있다. 그런데 이게 아이들에게 무척 위험하다. 강의할 때 "SNS는 아이들에게 위험할 수 있습니다."라고 말하면 부모 중 30퍼센트 정도는 꼭 이런 말을 한다.

　"우리 애들은 SNS보다 게임이 문제인 것 같은데요."

　게임에 빠져서 공부도 안 하고 게임만 하는 것도 물론 문제다. 하지만 외국 선진국들에서는 "SNS는 아이들에게 위험하고 아이를 망칠 수 있다."는 생각에 아이들이 SNS를 하지 않았으면 하는 인식들이 생기고 있다.

영국의 한 조사에 따르면, SNS를 장시간 하는 학생들에게 우울증 발생률이 높다는 결과가 나왔다. 그래서 영국 정부에서는 SNS 기업들에게 청소년을 대상으로 하는 소셜미디어에 음란한 영상 혹은 청소년들이 보면 안 되는 영상이 자꾸 노출되지 않도록 주의를 준다.

미국 공중보건서비스단에서는 SNS를 하는 청소년들의 정신 건강이 심각한 위험에 처할 수 있다며 당국과 기업, 가정에서 긴급하게 조치할 필요가 있다고 경고하고 있다. 미국 공중보건서비스단은 담배를 피우는 장면이 드라마나 영화에 나오던 시절에 담배의 심각성을 알렸고, 비만은 질병이고 유행병이라고 알린 곳으로 영향력이 아주 크다. 이런 곳에서 SNS를 하루에 3시간 이상 사용하는 10대는 우울증과 불안 증상의 위험이 2배로 증가할 수 있다고 하는 것이다.

그래서 미국 플로리다주는 13세 이하 어린이의 SNS 가입을 금지하고 있고, 뉴욕주는 10대의 SNS 사용 제한을 걸어서 부모 동의 없이는 알고리즘을 이용한 콘텐츠 제공을 금지하고 있다.

호주에서는 노동당 정부가 16세 이하 청소년을 보호한다는 이유로 소셜미디어 사용을 막는 온라인 안전법 개정안을 의회에 제출했다. 국가에서 심각성을 인지한 것이다. 호주에서 이런 법을 제출하게 된 2가지 큰 사건이 있었다.

하나는 호주의 한 학생이 교회에 흉기를 들고 들어가 사람들을 공격한 사건이다. 왜 이런 행동을 했는지 조사해 보니 SNS를 통해 극단주의 세력과 접촉하게 되었고, 가스라이팅을 당하면서 이런 사건을 저지른 것이었다. 또 하나는 한 여학생이 DM으로 연락하면서 친해진 어른과 직접 만나서 성관계를 가진 사건이다. 전형적인 그루밍 성범죄로 알려지면서 SNS를 하는 청소년들에게 접근하는 어른이 많다는 걸 알게 되었다.

그렇다면 우리나라는 청소년들의 SNS를 어떻게 관리할까? 아직은 청소년들의 SNS에 대해서 크게 문제 삼지 않는 것 같다. 우리나라도 아이들이 SNS로 인해서 고통받을 수 있다는 걸 빨리 알고 조치를 취하면 좋겠다.

SNS를 많이 하는 아이들과 상담을 해 보면 첫 번째로 하는 말이 '우울감을 느낀다.'이다. 아이들은 왜 SNS를 자주 보면 우울감을 느끼는 걸까? 아이들은 이렇게 말했다.

"SNS에 나오는 격투기 영상이나 폭력적인 영상을 보고 있으면 저도 같이 싸우는 것 같아요."

"SNS에서 댓글을 자주 보는데 조롱하고 공격하는 댓글을 보면 저도 모르게 빠져요."

여학생의 경우에는 SNS를 보면서 박탈감을 느끼기도 한다.

"나는 왜 못생겼지?"

"나는 왜 이렇게 살고 있는 거지?"

"나는 왜 이렇게 한심하지?"

사람들에게 주목받고 싶어서 노출 영상을 찍어서 올리고 나서는 후회하는 아이들도 있다. 정말 심한 아이들은 SNS를 학교 쉬는 시간에, 집에서 자기 전에, 심지어 화장실 갈 때도 본다.

성인들도 SNS에 중독되는 경우가 있는데 스스로 생각하기에 심하다 싶으면 쇼츠 같은 영상이 나오지 않게 설정을 한다. 하지만 청소년들은 아직 통제력이 부족해서 자기도 모르게 SNS를 계속 보게 되는 것이다.

이 시점에서 라떼 이야기를 하지 않을 수 없다. 나의 청소년기에는 스마트폰도 없었고 유튜브 같은 것도 없었다. 그 시절에는 무엇을 했을까? 그때는 운동장이나 놀이터에서 친구들과 몸으로 놀았다. 땅바닥에 선을 긋고 오징어게임을 하고, 비석치기, 구슬치기, 딱지치기, 잣치기 등 정말 많은 놀이를 했다. 그런데 지금은 친구들과 노는 게 점점 줄어들고 있다.

요즘은 아파트 놀이터에서 아이들이 노는 걸 보기 힘들다. 특히 초등학생 이상은 찾아보기 어렵다. 아이들은 놀이터에 나오지 않으면서 혼자 노는 걸 터득한 듯하다. 그 자리를 바로 SNS가 점령한 것이다.

SNS는 서로 만나서 장난치고 놀이를 하는 게 아니라 영상을 보면서 즐거움을 찾는 방식이기 때문에 아이가 혼자 있는 걸 좋아하는 성향으로 바뀔 수 있다. 짧은 영상의 쇼츠는 정말 중독성이 강하다. 잠깐 봐야지 했는데 1~2시간이 지나가 버려 깜짝 놀란 적이 있다.

쇼츠 같은 짧은 영상은 핵심을 바로 보여 주어야 해서 자극적이고 폭력적이다. 정말 심한 경우에는 갈등이나 혐오까지 보여 준다. 한마디로 영상이 처음부터 매운맛으로 시작한다. 그런 영상은 청소년들에게 문제가 될 수 있다.

SNS는 성폭력으로 이어지기도 하는데, 아직 통제력이 부족한 아이들의 경우 성범죄에 노출될 수도 있다. 청소년 시기에는 성적 호기심 때문에 이성에 대한 관심이 정말 많다. 그래서 이성에게서 DM을 받으면 궁금한 마음에 연락을 하기도 한다. 청소년에게 쪽지를 보내는 성인은 대체로 정상적이지 않으므로 그런 쪽지를 받으면 삭제하든가 대응하지 않아야 한다. 하지만 청소년들은 호기심에 연락을 하는 경우가 많다.

연락을 받으면 쪽지를 보낸 성인은 호감을 주기 위해 청소년들이 가지고 싶어 하는 선물을 보낸다. 그러다가 청소년에게 신체 사진을 보내 달라고 요구하고, 나중에는 받은 사진을 무기로 청소년을 협박해서 성폭력을 행하기도 한다.

아이들이 자기 SNS에 춤추는 영상이나 예쁜 모습을 올리는 경우가 있는데 성범죄 예방 차원에서는 올리지 않는 게 좋다. 그런 사진이나 영상은 범죄에 노출될 확률이 높기 때문이다. 정말 아이가 SNS를 하고 싶어 하면 비공개로 설정하거나 게시물을 올리지 않고 친구와 소통하는 공간으로만 활용하게 해야 한다.

SNS의 위험성에 대해 얘기하면 이렇게 말하는 부모들이 있다.

"아이에게 SNS를 못하게 막으면 되지 않을까요?"

이런 부모들에게 하고 싶은 말은 '아무리 막아도 아이들은 보게 된다.'는 것이다. 모든 부모가 같은 마음으로 아이들이 SNS를 못하게 스마트폰에 락을 걸든가 못 보게 막으면 좋겠지만 친구들 중에는 SNS를 마음대로 볼 수 있는 사람이 꼭 있기 마련이다. 내 학창 시절에도 친구 중 한 명의 부모님이 비디오가게를 했는데 그 친구가 늘 새로 나온 야한 비디오를 가지고 왔다.

현실적으로 아이들이 SNS를 못 보게 하기는 어렵다. 부모들이 할 수 있는 방법은 바로 SNS를 할 때 잘못된 것과 위험한 것에 대한 가이드라인을 알려 주는 것이다. 유튜브, 인스타그램, 틱톡, 페이스북, 네이버 클립, 스레드 등이 대표적인 SNS인데 이런 것을 사용할 때 다음 내용은 꼭 알아야 한다고 설명하면 된다.

영상을 볼 때 댓글을 달지 않는다

요즘 SNS를 보면 불편러가 많다. 정말 누가 봐도 평범한 영상에 뭐가 불편한지 악플을 다는 사람들이 있다. 아무 이유 없이 댓글로 시비를 건다. 청소년들은 악플 하나 때문에 상처 받고, 하루 종일 고민하고 걱정하며, 우울증에 빠지기도 한다. 그래서 부모들은 아이에게 댓글을 달지 않는 게 좋다고 설명해 주고, 혹시라도 악플이 달리면 악플을 다는 사람들이 이상한 사람이라고, 아이가 이상한 게 아니라고, 잘못이 아니라고 알려 주어야 한다.

"세상 모든 사람을 내가 좋아하지 않는 것처럼 세상 모든 사람이 나를 좋아하는 것도 이상하다."는 말이 있다. 그러니 내가 만나는 사람이 10명 있다면 7명은 나한테 관심이 없고, 2명은 나를 좋아하고, 1명은 아무 이유 없이 나를 싫어하는 게 정상이라고 이야기해 준다.

키즈 계정으로 로그인한다

키즈 계정으로 나오는 영상들은 정말 아이들이 시청 가능한 영상만 나오기 때문에 안심할 수 있다. 그래서 성인 인증으로 로그인해서 보지 말고 꼭 키즈 계정으로 보게 한다.

부모의 아이디로 로그인하지 않는다

SNS는 자기가 보는 영상으로 알고리즘이 형성되기 때문에 부모 아이디로 로그인하면 부모가 좋아하는 영상들이 올라온다. 그래서 초등학생 자녀가 있는 경우 부모 아이디로 로그인하지 말고 아이의 아이디를 만들어서 로그인하게 한다.

릴스나 쇼츠 영상을 나오지 않게 한다

릴스나 쇼츠 같은 짧은 영상은 한 번 보면 중독되기 매우 쉽다. 특히 아이들은 아직 성장하는 시기여서 금방 중독되는 경우가 많다. 그러므로 설정에서 이러한 영상은 무조건 막아야 한다.

SNS는 서로 소통하는 장치로만 이용한다

SNS에서는 서로 쪽지나 메신저 기능이 있어서 친구들끼리 소통을 많이 한다. 요즘 아이들은 카톡도 하지만 메신저로 소통하는 경우가 많다. 그래서 영상을 보는 것보다 소통하는 도구로만 활용하도록 유도하는 것이 좋다. 왜냐하면 자기도 모르게 영상을 보다가 음란물이나 테러 조직의 영상, 동물을 학대하는 영상 등을 볼 수 있기 때문이다.

SNS에는 힘든 건 절대 올리지 않는다

SNS를 하면서 '나는 왜 이렇게 못난 사람일까?'라는 생각에 빠져 우울감을 느끼는 아이들이 많다. 남들과 비교하면 끝이 없다. SNS에는 자기가 자랑하고 싶은 것만 올린다. 절대로 힘든 것은 올리지 않는다. 이건 정말 많은 사람이 알고 있는 것이다.

SNS만 보면 우울해지는 이유는 다른 사람들의 좋은 모습만 보기 때문이다. SNS에 나오는 사람들은 다 예쁘고, 멋있고, 몸매도 좋고, 돈도 많이 벌고, 비싼 것 사고, 해외여행 가고, 행복한 모습만 보여 준다. 그런데 실제로도 그럴까? 그들의 삶을 자세히 보면 SNS에 나오는 것처럼 매일 행복하지는 않을 것이다. '멀리서 보면 희극, 가까이에서 보면 비극'이라는 말이 정답이다.

'비교' 2행시 : '비-비참해지고, 교-교만해진다'

나보다 잘난 사람을 보면서 비참해지고 나보다 못한 사람을 보면서 교만해진다. 그런데 비교하는 그 자체가 잘못된 것이다. 그러므로 아이에게 절대로 다른 사람과 비교하지 말라고 이야기해 주어야 한다. 비교는 자기 자신을 사랑하지 않는 사람이 하는 것이다.

아이가 SNS를 하거나 본다면 절대 보지 말라고 하는 것보다 아이가 스스로 통제할 수 있게 하는 게 가장 좋은 방법이다. 그래서 아이가 혼자서 보지 않고 부모가 있는 곳에서 보게 한다. 더 좋은 방법은 아이가 보는 영상을 부모가 같이 보면서 코치해 주는 것이다.

"이 영상은 네가 보면 안 되는 영상 같아. 이런 건 관심 없으면 '채널 추천 안함'으로 네가 안 볼 수 있어. 그리고 정말 불법 영상 같은 건

'신고하기' 버튼이 있어. 이걸로 신고하면 돼."

　　실제로 내가 사용하는 방법이다. 10살 된 우리 아들은 영상을 보다가 이상한 게 나오면 스스로 버튼를 눌러서 '신고하기'나 '채널 추천 안함'을 눌러서 자기가 원하는 영상을 시청한다. 가끔 아이가 무엇을 봤는지 시청목록을 살펴보는데 잘하고 있다. 부모가 어릴 때부터 알려주면 아이는 아주 좋은 예방주사를 맞아서 스스로 통제하는 능력을 갖게 된다. 그렇게 되면 자기 스스로 건전하고 올바른 SNS 활동을 할 수 있다.

"

옛날 성교육과 지금 성교육이 다른 건 바로 SNS 때문이다.
그러므로 부모들이 SNS 성교육을 배워야
아이들을 잘 가르칠 수 있다.

"

6

일상 속에서
자연스럽게 성교육하세요

성교육 강의를 듣는 부모들에게 꼭 해 주고 싶은 이야기가 있다. 부모들은 성교육 강의를 들으면 아이한테 바로 교육해야지 하는 마음으로 집에 가자마자 아이를 부른다. 그리고 평소와 다르게 눈에 힘을 주고 학창 시절의 가장 엄한 선생님에게 빙의가 된 것처럼 이렇게 말한다.

"너, 이리 와 봐. 지금부터 성교육을 할 거야. 잘 들어."

그러면 아이들은 이런 생각을 할 것이다.

'우리 엄마 오늘 성교육 강의 듣고 왔네.'

일단 성교육을 하기 전에 평소에 아이와 어느 정도 대화가 있었는지를 생각해야 한다. 평소에는 대화도 없는 사이인데 갑자기 "지금부터 성교육을 하겠다."라고 말하면 아이들이 "예. 알겠습니다." 하고 잘 들겠는가? 아마 아이들은 거부감부터 갖게 될 것이다.

성교육은 부모 입장에서 이야기하는 게 아니라 친구에게 하는 것처럼 자연스럽고 편하게, 때로는 무심한 듯 하는 게 중요하다. 부모 입장에서 이야기하면 과몰입하게 돼 아이가 많은 부담감을 가지게 된다. 교육을 하는 게 아니라 동등한 위치에서 아이가 성적인 존재라는 걸 인정해야 한다. 아이에게 설명하는 것이 아니라 내가 알고 있는 지식을 교류한다고 생각하고, 아이의 의견도 들어 주어야 한다. 성교육을 할 때 아이를 성적인 존재로 봐 주지 않으면 내 자식은 늘 어린아이에 머무르게 된다.

예를 들어, 아이가 초등학생이 되었는데 집에서 속옷만 입고 있다. 이런 상황에서 부모가 성교육을 받았다고 이렇게 말하면 안 된다.

"너 이제 집에서 옷 입어야 해. 얼른 옷 입어. 엄마가 성교육을 받았는데 그러면 안 된다고 하더라. 얼른 입어."

아이 입장에서는 이렇게 생각할 수 있다.

'내가 늘 했던 행동을 한 거예요. 집에서 늘 옷을 벗고 있었고 심지어 엄마, 아빠도 옷을 벗고 있는데 왜 갑자기 나한테 이런 말을 해요?'

한 번에 모든 걸 해결하려고 하지 말고 시간이 좀 걸리더라도 아이와 관계 형성을 하는 게 중요하다. 아이가 옷을 벗고 있다면 일단 부모부터 옷을 벗는 행동을 하지 않아야 한다. 샤워를 할 때도 욕실에서 옷을 벗거나 샤워가운을 구입해서 입는다. 평소에 집에서 입을 수 있는 편한 옷을 새로 구입해서 아이에게 보여 주는 것도 좋다. 그걸 보면 아이가 자기 옷도 사 달라고 할 것이다. 그렇게 시간이 지나면서 아이가 변하게 해야 한다. 하지만 그래도 변하지 않으면 자연스럽게 이야기한다.

"우리 아들, 옷을 벗고 있네. 아이고, 부끄러워라."

이렇게 말하고 쓱 지나가면 된다. 아니면 좀 더 사랑스럽게 이렇게 말해 준다.

"엄마가 우리 아들 사랑하지만 엄마는 여자고 아들은 남자여서 서로 몸을 보는 게 부끄러워."

물론 한 번에 알아들으면 좋겠지만 성교육은 오랜 시간이 필요하다. 한 번에 금방 되지 않는다. 그래도 아이에게 옷을 벗고 있으면 주변 사람들이 불편할 수 있다는 생각을 하게 해야 한다. 아무리 가족이고 편한 사이이지만 가까운 사이여도 성적으로 불편할 수 있다는 생각을 아이가 하게 해야 한다. 그래서 집에서 옷을 입고 있는 게 가족을 불편하게 만들지 않는 방법이라는 걸 자연스럽게 알게 해야 한다.

재미있게 들었던 이야기가 있다. 성교육을 받은 초등학생이 집에 오자마자 엄마한테 이런 말을 했다.

아들 엄마, 나 오늘 성교육 받았는데 부부가 사랑해서 정자와 난자가 만나요. 그리고 아기가 생기고 뱃속에서 열 달이 지나면 아기를 낳을 수 있다고 배웠어요. 그런데 엄마는 아빠랑 사이도 좋지 않고 싸우고 서로 사랑하지도 않는데 어떻게 아기를 낳을 수 있었어요?

엄마 너 무슨 말을 하는 거니? 성교육 잘 받고 와서 왜 엄마한테 물어보는 거야? 선생님한테 물어봐.

아들 엄마, 정말 궁금해서 그래요. 아빠는 맨날 술 먹고 들어오고, 그러면 엄마가 맨날 화내고, 결국 서로 싸우는데 어떻게 사랑을 하는 거예요? 정말 궁금해서 그래요. 제발 알려 주세요.

엄마 너 조용히 하고 네 방에 들어가서 숙제나 해.

아들 엄마, 정말 궁금해요. 사랑을 해야만 아기를 가질 수 있다고 했는데 서로 싸워도 아기를 가질 수 있는 거예요?"

그때 방에 있던 아빠가 나왔다. 아빠를 보고는 아들이 충격적인 말을 했다.

"정자 나온다."

웃픈 이야기이다.

부부가 사이가 좋지 않고 맨날 싸우는데 아이에게 성교육을 하면 아이 입장에서는 무척이나 혼란스러울 수 있다. 그래서 아이의 성교육을 위해서는 아이 앞에서 싸우는 모습을 보이면 안 된다. 싸우고 싶으면 아이가 없는 곳에서 싸워야 한다. 아이 눈에 엄마, 아빠가 서로 사랑하는 사이라는 걸 알게 해 주어야 성교육할 때 이렇게 말할 수 있다.

"아기는 서로 사랑하면 생길 수 있어."

우리 부부는 정말 화가 나면 신호를 보낸다.

"여보, 나 차에다가 여보 선물 사 왔는데 같이 갈래?"

이게 신호다. 그러고는 차에서 싸운다. 우리 부부는 지금까지 아이들 앞에서 단 한 번도 화를 낸 적이 없다.

나는 어릴 때 엄마에게 이런 말을 들었다.

"아들아, 나중에 커서 절대로 아빠처럼 되지 마라."

내가 결혼할 때는 엄마가 이런 말을 했다.

"아들아, 너는 정말 사랑하는 사람하고 결혼해라. 엄마는 그러지 못했다."

나는 정말 혼란스러웠다. 사랑하지 않는데 왜 같이 사는 걸까? 그래서 우리 아이들에게는 이런 대물림을 하고 싶지 않아서 정말 많이 노력하고 있다. 세상에서 제일 좋은 성교육은 부모가 사랑하는 모습을 보여 주는 것이다. 서로를 존중하고 서로 동의를 주고받는 모습을 보여 주면 된다.

아이들은 정말 순수하다. 5살 아이가 엄마에게 물었다.

"아기는 어떻게 낳는 거야?"

엄마가 대답했다.

"엄마 뱃속에서 열 달 동안 만들어져서 나오는 거지."

그러자 아이가 물었다.

"어떻게 아기가 만들어져?"

엄마는 대답했다.

"엄마랑 아빠랑 사랑을 해서 아빠한테 있는 정자가 엄마 뱃속으로 들어오면 엄마가 가지고 있는 난자랑 아빠 정자랑 합쳐지면서 아기가 생기는 거야. 그렇게 열 달을 엄마 뱃속에 있다가 아기가 태어나는 거야."

그러자 아이가 이렇게 말했다.

"엄마, 그럼 한 번 해 봐. 내 앞에서 한 번 만들어 봐."

성교육을 할 때는 이런 당황스러운 상황도 생길 수 있다.

5살 아이에게 성교육을 할 때 어려운 단어를 쓰면서 자세하게 설명하면 이해하기 힘들다. 그래서 임신을 자세하게 설명하는 것보다는 사랑이라는 걸 알려 주는 게 중요하다. 서로 사랑하는 마음을 알려 주는 게 아이들 눈높이에 맞다.

성교육을 할 때 가장 어려운 건 바로 엄마가 아들에게, 아빠가 딸에게 해 주는 성교육이다. 서로 다른 성이어서 성적인 공감대가 없기 때문이다. 그래서 설명하는 부모 입장에서 난감할 수 있다. 예를 들어 아들이 아침에 일어나자마자 엄마한테 이야기한다.

"엄마, 나 팬티에 이상한 게 묻었어."

엄마 입장에서는 몽정이라는 걸 알지만 설명하기 힘들다. 또 아들이 발기가 된다고 이야기를 한다.

"엄마, 자꾸 음경이 커지고 불편해. 어떻게 해야 하는 거야?"

엄마 입장에서는 남자의 발기를 잘 모르기 때문에 제대로 설명해 주지 못하고 그냥 말을 돌린다.

"다른 생각하면 되지 않을까?"

엄마는 남자의 공감대가 없기 때문에 아들에게 설명하기 힘들 수 있다. 사실 발기는 자기 스스로 작게 하거나 커지게 할 수 없다. 그걸 설명해 주어야 하는데 남자가 아니어서 아들 입장에서는 공감할 수가 없다.

딸에게 성교육을 하는 아빠 입장에서도 여자가 아니기에 딸과 공감대를 형성하기 어렵다.

"아빠, 나 가슴이 계속 커지는데 왜 그런 거야?"

아빠는 어른이 되는 과정이라고 설명하는 게 최선이다. 하지만 같은 여자인 엄마 입장에서는 가슴이 커지는 현상을 이미 겪었기 때문에 최대한 자신의 경험을 이야기해 주면서 공감대를 형성할 수 있다.

딸이 초경을 했을 때의 고통을 이야기해도 아빠는 단순히 "아프겠구나."라고 말할 수밖에 없다. 딸 입장에서는 자신과 같은 증상을 겪은 사람들의 이야기를 듣고 같이 공감받고 싶을 것이다.

그래서 성교육은 아빠가 아들에게, 엄마가 딸에게 해 주는 게 가장 좋다. 하지만 어쩔 수 없이 엄마가 아들에게, 아빠가 딸에게 해 주어야 한다면 아이가 아는 삼촌 혹은 이모에게 물어보니 이런 이야기를 하더라며 같은 성에 대해 공감대를 형성해 주는 것이 좋다.

성교육을 할 때 엄마, 아빠가 아이에게 열심히 알려 주겠다는 의지로 너무 진지하게 설명하고 아이에게 꼭 들어야 한다고 강요하면 아이들은 부모에게서 더 멀어질 수 있다. 아이가 스스로 궁금해하며 부모에게 다가오게 하는 게 중요하다. 부모가 먼저 실천하고 그걸 아이가 물어보는 게 가장 좋고, 부모가 실천하면서 아이에게 이야기해 주는 것도 좋다.

텔레비전을 보면서 이야기하는 것도 아주 좋은 방법이다.

"저건 연출된 장면이야. 실제로는 저런 사랑을 하면 범죄가 될 수 있어."

"저 커플은 정말 많이 사랑하는구나. 저렇게 사랑해서 결혼하면 아기가 생기는 거야."

"너무 재미있지만 저렇게 동의 없이 사람을 만지면 안 돼. 저건 서로 연습하고 연출한 거라 가능한 거야."

아이에게 따로 설명하지 않고 텔레비전을 보면서 자연스럽게 혼잣말을 해도 좋고, 옆에 있는 다른 사람한테 이야기해도 좋다. 아이가 그 내용을 들을 수 있으면 된다. 나는 아이들이 어릴 때부터 함께 텔레비전을 볼 때 이런 식으로 성교육을 했다. 그랬더니 정말 놀라운 일이 일어났다. 어느 날 우리 아들이 친구들과 집에서 텔레비전을 보는데 갑자기 주인공들이 손을 잡고 뛰는 장면이 나왔다. 이때 아들이 이렇게 말했다.

"서로 허락도 없이 손잡고 뛰네. 저거 다 연기하는 거야."

부모가 자연스럽게 성교육을 하면 아이들이 기억하고 나중에는 직접 실천하게 된다. 하루 이틀 성교육을 하고 끝내는 게 아니다. 성교육은 아이가 성인이 될 때까지 오랜 시간 해야 한다.

66

성교육은 자연스럽게 일상생활에서 숨 쉬듯이 해야 한다.
텔레비전을 보면서 혼잣말을 해도 좋고,
옆에 있는 다른 사람한테 이야기해도 좋다.
아이가 그 내용을 들을 수 있으면 된다.

99

7

부모의 몸을 만지는
아이를 대하는 방법

어느 정도 큰 아이가 부모의 몸을 만지는 경우가 있다. 옛날 부모
들은 이 모습을 보고 이렇게 말했다.

"아이가 부모를 많이 사랑하나 보네."

그럴 수 있다. 그런데 초등학생이 되어서도 엄마의 가슴을 만진다
면 엄마 입장에서는 불편할 수 있다. 실제로 강의를 다니면 이런 걱정
을 하는 부모가 많다.

"아직도 아들이 내 가슴을 만져요."

딸도 엄마의 가슴을 만지는 경우가 있다. 왜 아이가 꽤 컸는데도
엄마의 몸을 만지는 걸까? 가정마다 이유가 다를 수 있겠지만 내가 상

담한 부모들은 대부분 맞벌이였다. 어릴 때 아이 옆에 오래 있어 주지 못하면 아이가 커서도 엄마에 대한 애착이 심해서 엄마를 만지는 경우가 있다. 또 하나의 경우는 초등학생인 첫째 아이가 늦둥이인 둘째 아이가 모유 수유를 하는 모습을 보고 질투를 느껴서 엄마의 몸을 만졌다. 대부분 엄마의 사랑을 받고 싶어서 하는 행동이다.

하지만 어릴 때부터 많이 안아 주고 부모와 스킨십을 많이 해서 초등학생이 되어서도 계속 부모와 스킨십을 하는 경우도 있다. 우리 집 이야기이다. 커서도 부모와 스킨십을 많이 하지만 우리 아이들은 어릴 때부터 교육을 해서 부모의 가슴이나 만지면 안 되는 곳은 절대 만지지 않는다. 물론 뽀뽀를 할 때도 부모에게 동의를 받고 한다.

부모의 몸을 만지는 아이는 어떻게 가르쳐야 할까? 부모가 아이에게 단호하게 "만지면 안 돼."라고 말하면 아이 입장에서는 '엄마가 나를 싫어하나? 왜 그러지?'라고 생각할 수 있다. 실제로 아이가 함부로 엄마의 몸을 만져서 엄마가 "만지면 안 돼." 하고 단호하게 말을 하자 아이가 울면서 "엄마는 나를 사랑하지 않아."라고 말한 경우도 있다. 이렇게 되면 아이에게 상처가 될 수 있다. 그래서 단호하게 "안 돼."가 아니라 시간을 좀 가지고 천천히 분리하는 게 좋다.

그래서 아이가 어릴 때부터 "내 몸이 소중하기 때문에 다른 사람 몸도 소중한 거야."라고 이야기해 주는 교육이 필요하다. 아이를 안아 줄 때 한두 번 정도는 일부러 거절해야 한다. 단호하게 거절하면 아이가 상처를 받으니 아이가 안아 달라고 할 때 "지금 엄마는 땀 냄새가 나서 안아 줄 수가 없어. 조금 있다가 씻고 안아 줄게."라고 안아 주지 않는 이유를 말해 준다. 그리고 씻은 다음에 아이에게 "엄마 지금 씻었는데 안아 줘도 될까?"라고 동의를 구하고 안아 준다.

안아 주지 못하는 이유를 말하면서 한두 번 정도 아이에게 거절을 하면 어느 순간 아이가 엄마를 안아 줄 때 물어본다.

"엄마, 안아 줘도 돼?"

아이 입에서 이 말이 나오면 아이가 엄마의 몸을 허락 없이 만지면 안 된다는 걸 어느 정도 알게 된 것이다. 그리고 아이가 엄마의 가슴을 만진다면 왜 이제는 만지면 안 되는지를 알려 주어야 한다.

"우리 아들이 엄마 가슴을 만지면 엄마 가슴이 아파. 아들이 아기였을 때는 작아서 괜찮았는데 지금은 손도 크고 몸도 커져서 엄마 가슴을 만지면 아파서 병원에 갈 수도 있어."

그리고 꼭 이 말을 해 준다.

"엄마가 우리 아들을 싫어해서 가슴을 못 만지게 하는 게 아니야. 서운해하지 마."

항상 엄마 가슴을 만지던 아이에게 갑자기 못 만지게 하면 충격을 받을 수 있으니 따뜻한 말로 위로해 준다. 아이는 엄마의 사랑을 느끼고 싶어서 이런 행동을 하기 때문에 어느 정도 성장한 아이라면 엄마의 사랑을 느낄 수 있는 다른 걸 해 주면 된다.

어릴 때는 엄마의 스킨십으로 사랑을 표현했다면 어느 정도 성장한 아이에게는 보드 게임이나 엄마와 함께 할 수 있는 놀이를 하며 엄마의 사랑을 느끼게 해 주는 게 좋다. 같은 성이어도 엄마의 몸에 집착하는 딸도 있는데 같은 방법으로 오랜 시간 이야기를 해 주면 된다.

"

아이가 부모를 안아 주고 뽀뽀해 주고
만져 주는 건 좋아하기 때문이다.
그렇지만 영원히 할 수 있다고 생각하면 안 된다.

"

사춘기 아이에게
성교육하는 방법

사춘기 아이를 키우는 부모라면 한 번쯤은 이런 생각을 한다.

"이걸 내가 낳았나?"

그 정도로 꼴 보기 싫은 게 바로 사춘기 아이다.

아이가 있는 곳에서 엄마가 가계부를 쓰면서 혼잣말을 했다.

엄마 내년에 중학생이 되면 돈 들어갈 일도 많은데 뭘 자꾸 사 달라고
    하는지 짜증나네.

아이 엄마, 지금 나한테 하는 말이야?

엄마 그래. 너 나중에 고등학생 되면 돈 더 들어갈 텐데 난리 났다.

아이 누가 이렇게 나를 낳으래?

사춘기 아이와 늘 싸운 엄마는 아이의 기를 꺾기 위해서 강하게 말했다.

엄마 누가 경쟁에서 이기래? 네가 수많은 경쟁을 뚫고 나온 거잖아.

그러자 사춘기 아이는 화가 나서 아빠와 엄마를 바라보면서 이렇게 말했다.

아이 누가 경기를 개최하래?

라디오에 나왔던 사춘기 아이의 사연이다. 내가 실제로 부모 입장이라면 무척이나 당황했을 것이다.

이처럼 아이는 사춘기가 되면 무조건 부모를 이기려고 하는 경향이 있다. 그래서 부모들이 사춘기 아이와 잘 지내고 싶어도 힘들다. 아이가 어릴 때 부모와 잘 소통하면서 지냈다면 성교육을 할 때도 아이가 잘 받아들인다. 하지만 아무런 소통이 없다가 갑자기 아이한테 성교육을 하자고 하면 백이면 백 모두 "그건 아니지."라고 말한다.

성교육하는 시기는 따로 정해진 건 없다. 자연스럽게 부모가 아이에게 해 주면 된다. 그런데 아이가 사춘기에 접어들면 성교육은커녕 아이와 소통하는 것 자체가 정말 힘들어진다. 아이마다 다르지만 빠르면 초등학교 5학년부터 사춘기가 온다. 그런데 어떻게 사춘기가 오는지 모르는 부모들이 있다. 그냥 아이가 짜증을 내는 게 사춘기라고 생각하는데 사춘기의 시그널이 있다. 강의를 다니면서 아이들에게 느꼈던 사춘기 시그널은 다음과 같다.

1. 외모에 신경을 쓰기 시작한다. (머리에 왁스를 바르거나 화장을 시작한다. 향수를 사용하기도 한다.)

2. 아주 작은 일에 짜증내면서 말대답을 한다. (부모에게 이유 없이 화를 낸다.)

3. 이성에 대해서 관심을 가지기 시작한다. (부모 모르게 이성 교제를 하는 것 같다.)

4. 대답을 하지 않고 말이 줄어든다. 그리고 혼자 있고 싶어 한다. (말 걸기 무서울 정도이다.)

5. 가족과 함께 있는 시간보다 친구들과 있는 시간이 많아진다. (부모와 있을 때는 말이 없는 아이가 친구들과 있으면 수다쟁이가 된다.)

6. 부모를 피한다. (부모의 눈을 보려고 하지 않고 밖에서 부모를 만나도 모른 척한다.)

7. 핸드폰을 보여 주지 않는다. (핸드폰에 있는 메시지를 절대로 보여 주지 않는다.)

8. 부모와 외식이나 여행을 가지 않는다. (가족과 있는 시간을 원하지 않고 집에 혼자 있는다.)

9. 자기가 가지고 있는 물건의 브랜드에 욕심을 내고 불평을 한다. (친구들이 입는 옷이나 가방의 브랜드를 갖고 싶어서 부모와 다툼이 많아진다.)

10. 부모가 자기를 이해하지 못한다고 생각한다. ("엄마는 내가 뭘 원하는지 몰라."라는 말을 한다.)

11. 감정 기복이 심해진다. (아침에 화를 내던 아이가 학교 다녀오면 착해진다.)

12. 거짓말을 하기 시작한다. (부모를 속이고 싶어 하는 생각이 든다.)

13. 형제, 자매와 자주 다투거나 서로 대화를 하지 않는다. (극단적으로 싸우

거나 소통이 없다.)

14. 자기 몸에 대해서 관심이 많다. (자신의 신체가 변하는 걸 느낀다.)

15. 부모와 스킨십을 불편해한다. ("만지지 마.", "엄마 손 대지 마."라는 말을 한
다.)

이 중에서 아이가 5~8개 해당된다면 아이에게 조만간 사춘기가
올 거라고 생각하면 된다. 9~12개 해당된다면 아이에게 이미 사춘기가
온 것이다. 13~15개 해당된다면 아이의 사춘기가 최고치를 달리고 있
다고 생각하면 된다.

사춘기는 쉽게 말하면 아이가 어른이 되는 과정이다. 그동안은 부
모의 말을 잘 듣고 부모가 하라는 대로 했던 아이가 이제는 하나의 인
격체로 부모에게서 독립하려는 단계라고 생각하면 된다. 사춘기는 누
구에게나 오고, 누구에게나 지나가는 과정이다. 그래서 시간이 필요하
다. 아이의 사춘기에는 참고, 참고, 참고 견디며 기다려야 한다. 그러다
보면 마음을 닫고 있던 아이가 부모에게 다시 상냥해지는 날이 온다.

사춘기는 부모에게 주장하고 나에 대한 의지가 강해지는 시기이
다. 이런 현상은 아이들의 뇌를 보면 알 수 있다. 전두엽은 인지 능력,
사회성, 감정 및 충동 조절 능력, 데이터 수집 능력, 자신의 행동으로
일어날 미래 예측 능력을 담당한다. 즉 인간다운 삶을 위한 모든 기능
을 가진 곳이다. 정말 중요한 부위인데 사춘기에 일시적으로 전두엽의
기능이 취약해지면서 청소년들에게 위기 상황이 발생한다. 그래서 아
이의 감정 조절 능력이 하락하기 시작해서 사소한 일에도 화를 내거나

짜증을 내게 된다.

사춘기 시절에 가출을 하는 청소년도 있는데 전두엽 기능이 일시적으로 하락하기 때문에 충동 조절이 안 되어서 가출을 하거나 나쁜 행동을 하기도 한다. 한마디로 청소년 시기에는 전두엽 기능의 변화로 조절 능력이 가장 낮다. 초등학교 고학년보다 중학생의 감정 및 충동 조절 능력이 더 떨어진다. 그래서 '우리 아이가 착했는데 왜 분노에 가득 찼지?'라고 생각하지 말고, 자연스러운 현상으로 받아들이고 일시적으로 전두엽 기능이 떨어져서 그런 거라고 생각해야 한다.

사춘기는 몸의 구조와 기능이 바뀌는 시기이기도 하다. 10대는 한마디로 말해 성 호르몬이 가장 많이 나오는 시기이다. 성 호르몬의 양도 중요하지만 속도도 중요하다. 10대 중반부터 후반까지 정말 엄청난 양과 속도로 성 호르몬이 증가한다. 호르몬이 빠르게 증가하면 변화도 따라서 빨라져야 하는데 아이는 갑자기 이런 현상을 맞게 되면서 감정 조절이 안 된다.

정리하면 사춘기는 전두엽 기능이 일시적으로 떨어지는데 성 호르몬은 증가해서 아이가 정서 조절에 어려움을 겪게 되는 것이다. 그래서 아이의 사춘기가 되면 뇌 발달 시기라서 감정 조절이 안 되고 예민한 거라고 생각하면서 참고 이해해 주어야 한다. 이런 생각으로 아이의 사춘기를 바라봐 준다면 아이가 짜증 내거나 화를 냈을 때 같이 화내지 않고 '우리 아이의 뇌가 지금 매우 힘든 시기를 겪고 있구나. 아이고, 우리 아이 힘들겠다.'라는 측은지심이 생기게 된다. 부모가 이런 생각을 하게 되면 한 발 더 나아가 힘든 상황에 처한 아이를 도와주고 싶은 마음이 든다.

강의할 때 사춘기에 대해 설명해 주면 이렇게 말하는 부모가 있다.

"아이 사춘기라고 온갖 짜증 다 받아주다가 내가 우울증에 걸리겠어요."

매우 공감이 가는 말이다. 아이의 불안정한 감정을 부모가 다 받아주고 나서는 힘들어서 병원까지 가기도 한다. 아이에게 이런 말을 하는 부모도 있다.

"사춘기 별것도 아닌데 뭘 그리 유난을 떠는 거야?"

강의를 하면서 사춘기를 겪는 청소년들을 만나면서 느낀 건 요즘 아이들의 사춘기는 부모 세대의 사춘기와는 차원이 다르다. 아이들을 둘러싼 주변 환경이 예전과 많이 다르기 때문이다. 그러므로 부모들이 더 신경을 써야 한다. 부모에게 힘들다고 SOS를 보내고 도와 달라는 시그널을 보냈는데, 부모에게 도움을 받지 못했다고 말하는 청소년이 많다. 한마디로 아이에게 힘이 되라고 하는 말들이 전혀 도움이 안 된다는 것이다.

놀라운 일은 청소년들이 자기도 힘들지만 부모도 힘들다는 걸 알고 있다는 것이다. 그래서 부모에게 부담을 주기 싫어서 자기 혼자 힘든 걸 참고 참다가 정말 힘들게 말했는데 원하는 대답이나 도움이 되지 않는 대답을 듣게 되면 정말 실망하게 되는 것이다. 내가 상담한 대부분의 청소년은 이렇게 말했다.

"내 이야기를 들어 주고 내 고민을 상담해 주는 상대로 부모는 아니에요."

청소년들은 고민이나 이성 문제를 친구들하고 이야기하는 게 편하다고 한다. 사춘기를 심하게 겪는 아이들 중에는 자해를 하고 서로 상처를 보여 주면서 공감을 표현하기도 한다. 자해도 앞에서 말한 것처럼 감정 조절이 안 되기 때문에 그러는 것이다. 이런 상처를 부모에게 들키는 경우가 있는데 대부분의 부모는 염려하지만, 그 걱정을 "너 이거 무슨 상처야? 무슨 짓을 하고 돌아다니는 거야?"라면서 비난으로 표현하는 부모가 많다.

부모도 아이의 사춘기를 처음 겪으면서 당황스러운데, 이런 상처를 보면 놀라고 무섭다. 아이를 사랑하는 마음에 화를 내는 것이겠지만 사춘기를 겪는 아이에게는 부모가 혼내는 것보다 진심으로 걱정해 주고 치료해 주는 대응이 필요하다. 사춘기를 겪고 있는 청소년기 아이를 위한 대처 방법을 알아보자.

상황 1. 이유 없이 화내기

부모가 "우리 아들 뭐하니?"라고 물어보았는데 아이가 화를 내면서 문을 쾅 닫고 큰소리로 말한다.

"앞으로 내 방에 들어오지 마."

이럴 경우 부모는 '우리 아이의 뇌에서 전두엽이 감소하고 호르몬이 증가하는 힘든 시기구나. 우리 아이가 자기주장이 강해지고 부모를 이기고 싶어 하는구나.'라고 생각하자. 아이의 태도에 대해서 생각하면 화가 나게 되니 아이의 현재 마음만 생각하자.

상황 2. 내가 알아서 할게

사춘기가 되면 아이가 정말 많이 하는 말이 있다.

"내가 알아서 할게."

그때는 그냥 응원해 주자.

"그래. 네가 알아서 해 봐. 잘할 수 있을 거야."

이 시기는 결국 아이가 어른이 되는 과정이기 때문이다. 부모가 언제까지 아이를 위해서 다 해 줄 수는 없다. 그래서 아이가 "내가 알아서 할게."라는 말을 한다면 이제 아이를 하나의 인격체로 인정해 주어야 한다. 이때부터는 아이를 관찰하면서 즐기면 된다. 잘하면 잘하는 대로 칭찬해 주고, 못하면 못하는 대로 '다음에 잘하겠지.'라고 생각하자.

아이는 이런 과정을 거치고 나면 '성공'과 '경험' 2가지를 배우게 된다. '실패'는 없다. 그러니 실패라고 생각하지 말고 성공을 위한 과정이라고 생각하자. 그러면 정말 편하다.

"오늘 숙제 언제 할 거야?"

"내가 알아서 할게."

"그래. 알았어."

"밥은 언제 먹을 거야?"

"내가 알아서 할게."

"그래. 그럼 네가 엄마 대신 저녁 좀 해 줘라."(유머)

"언제 집에 올 거야?"

"내가 알아서 할게."

"그래. 알아서 와. 아빠처럼 길에서 자지 말고….."(유머)

이런 식으로 아이의 말에 긍정적으로 대답해 주고 아이의 결정을 믿고 기다려 주면 된다. 가끔 아이가 웃을 수 있게 유머스러한 말을 해 준다면 부모하고 이야기하는 재미를 느끼게 될 것이다.

상황 3. 부모와의 말싸움

"싫어. 말하지 마."

"말도 안 되는 소리를 하고 있어."

사춘기가 되면 부모와 아이가 말싸움을 정말 많이 하게 된다. 아이가 갑자기 부모에게 대들기 시작하고, 말로 부모를 이기려고 하는 게 뻔히 보인다. 이럴 때 부모가 아이를 이기려고 하면 안 된다. 부모가 논리적으로 접근해서 아이에게 말로 참교육을 해 버리면 아이는 마음의 문을 닫게 된다.

"우리 엄마, 아빠는 절대 대화가 안 되는 사람이야."

일단 아이의 생각이나 감정을 이상하게 생각하지 말고 아이의 말이 논리도 없고 엉뚱해도 잘 들어 주자. 이 시기에 아이와 대화할 때는 예능에서 보던 '그랬구나' 게임을 하듯이 말하면 도움이 된다.

이 게임은 상대방의 이야기를 공감하는 게 핵심이다. 여기서 더 중요한 핵심은 상대방의 이야기를 들어 주면서 상대의 감정을 받아들이는 것이다.

아이 엄마가 나를 짜증나게 하잖아.

부모 그랬구나. 엄마가 너를 짜증나게 해서 속상했구나. 미안해.

이런 식으로 한 발 물러서서 아이가 원하는 걸 수용해 주는 화법으로 대화를 이어 가면 된다.

아이와 대화를 할 때 제일 중요한 건 아이의 마음을 공감해 주고, 충분하게 아이의 이야기를 들어 주고, 아이의 이야기에 대해서 칭찬해 주고 격려해 주는 것이다.

상황 4. 너무 심한 말을 하는 아이

사춘기 아이는 정말 영혼이 없는 것처럼 막말을 하는 경우가 있다. 이럴 때 부모는 '어떻게 부모한테 막말을 하지?', '저러다가 우리 아이 큰 문제가 생기지 않을까?' 이런 걱정을 하면서 아이에게 섭섭한 마음, 그리고 아이가 '다른 사람에게도 이런 막말을 하지 않을까?'라는 불안감이 생기기 시작한다.

사춘기 아이는 감정을 조절하는 방법을 배우는 중이라고 생각해야 한다. 그래서 아이가 부모에게 막말이나 말을 지나치게 한다면 일단 감정적으로 화를 내지 말고 대응해야 한다. 아이는 시간이 지나면 언젠가 다시 돌아오기 때문이다. 아이의 감정에 휩쓸리지 않고 일단 아이를 진정시키는 게 중요하다. 이럴 때는 잠시 시간을 가지고 다시 이야기를 하는 게 필요하다.

"지금 너무 힘들지? 그럼 잠깐 시간을 가지고 다시 이야기하자."

"지금 중요한 이야기를 하는 중인데 미안해. 아빠가 배가 너무 아파서 화장실 좀 다녀올게."

부모도 완벽하지 못해서 아이에게 잘못을 하기도 한다. 그때 부모가 잘못을 인정하지 않고 아이에게 사과를 하지 않으면 아이들은 더 화를 내고 부모를 비난한다. 그래서 부모도 잘못을 했다면 아이에게 사과해야 한다. 부모가 사과하는 모습을 보면 아이도 자연스럽게 마음을 열 수 있다. 부모가 실수를 인정하는 모습에서 아이는 인간적인 모습을 배울 것이다.

상황 5. 거짓말로 빠져 나가려는 아이

아이들이 크면서 부모를 속이고 거짓말을 하는 경우가 있다. 물론 거짓말은 정말 나쁜 행동이다. 그래서 아이가 어릴 때부터 아주 사소하더라도 거짓말을 했을 때 교육을 제대로 해야 한다. 그러지 않으면 나중에 계속 거짓말을 할 수도 있기 때문이다. 아이가 처음 거짓말을 했을 때, 거짓은 누구를 잠깐 속일 수 있지만 영원하지 않다는 걸 알려 주어야 한다. 솔직히 말하는 게 지금은 힘들 수 있지만 결과적으로는 모든 사람과 통한다는 것을 가르쳐 주어야 한다.

사춘기에 들어선 아이들은 평소에는 하지 않던 거짓말을 하기도 한다. 사춘기를 겪는 아이들은 부모에게 자신의 비밀을 감춘다. 그런데 그걸 들춰내고 거짓말을 왜 하냐고 혼내면 아이가 스트레스를 많이 받을 수 있다. 사춘기 시절에는 너무 큰 거짓말이 아니라면 적당히 눈감아 주는 것이 필요하다. 그냥 마음속으로 '아이가 거짓말을 하는데 솔직히 말해 줄 때까지 기다리자.'라는 생각을 하면 된다. 그래야 아이와 너무 멀어지지 않는 관계를 유지할 수 있다. 하지만 누가 봐도 너무 큰 거짓말은 지적해야 한다.

"밥 먹었어.", "숙제했어.", "샤워했어.", "내일 나 약속 있어.", "학원 갔다 왔어.", "학교에서 성금 낸다고 만 원 가져오래." 등 아이들이 하는 가벼운 거짓말들은 적당히 눈 감아 주자. 사춘기에는 아이의 반항, 침묵, 무시 등 모든 걸 다 수용하고 이해해 주어야 한다.

사춘기 시절에는 부모가 리드하려고 하지 말고 아이에게 리드당하는 척해 주는 것이 좋다. 아이가 어떤 일을 하든 다양한 선택을 할 때 멀리 볼 수 있는 시선을 가질 수 있게 옆에서 도움을 주면 된다. 절대로 부모가 결정하지 말고 모든 결정을 아이가 하게 한다.

"내가 가는 이 길이 어디로 가는지, 어디로 날 데려가는지, 그곳은 어딘지 알 수 없지만, 알 수 없지만, 알 수 없지만 오늘도 난 걸어가고 있네."

지오디의 「길」 노랫말이다. 사춘기는 아이가 더 넓은 길을 가기 위해서 변하는 단계이다. 그 길을 부모가 나서서 만들어 주면 안 된다. 부모가 만들어 주면 안전한 길을 갈 수 있지만 아이가 스스로 새로운 길을 개척해 나가는 것이 더 중요하다. 부모가 아이에게 안전한 길을 안내하려는 순간부터 아이와의 갈등과 다툼이 많아지게 된다. 부모가 할 수 있는 최선의 방법은 스스로 길을 찾는 아이의 모습을 응원해 주는 것이다.

아이의 사춘기를 겪는 부모와 상담한 뒤 좋아진 사례가 있다. 아이가 관심 있어 하는 걸 부모가 함께 한 것이다. 게임을 좋아하는 아이와 관계를 개선하기 위해 아버지가 게임 아이디를 만들어서 아이와 함께 하루에 1시간 정도 게임을 했다. 게임을 하는 과정에서 대화를 시작할 수 있었고 게임하면서 서로 웃고 장난치면서 자연스럽게 사춘기를 넘겼다. 그때 아버지가 이런 말을 하면서 울먹거렸다.

"지금이 아들하고 제일 친한 것 같아요. 아기 때보다 지금 중학생 아들이 더 귀엽고 사랑스러워요."

부모는 사춘기를 겪는 아이를 위해서 늘 긍정적인 반응을 보이고 아이의 친구가 마음에 들지 않아도 긍정적인 시선으로 봐 주어야 한다. 친구를 나쁘게 말하면 자기도 나쁜 사람이라고 생각하게 된다. 그래서 불법이나 범죄 행위를 하지 않는다면 너무 깊숙이 개입하지 않는 게 좋다.

사춘기가 지나면 아이는 다시 부모에게 따뜻한 모습으로 돌아오게 된다. 아주 자연스러운 현상이다. 아이가 부모를 가장 싫어하는 시기가 바로 사춘기라는 말이 있다. 초등학교를 마치고 중학교, 고등학교에 진학하면서 아이들은 서서히 어른이 되어 가는 과정을 거치며 부모를 떠날 연습을 한다.

그러므로 아이를 혼내는 것은 초등학교 때까지만 해야 한다. 중학교 이후에는 혼내는 게 아니라 부모의 의견을 제시한다고 생각해야 한다. 아이가 미덥지 못하더라도 이해하고 또 이해해야 한다. 참고 또 참아야 한다. 아이를 이해하면 아이와 대화도 자연스럽게 잘할 수 있다.

사춘기를 겪는 아이에게는 명령조로 "너 왜 안 하니?", "빨리 해라.", "제발 말 좀 들어라." 같은 식으로 이야기하지 말고 "힘내. 잘할 거야.", "부모가 필요하면 알려 줘.", "그랬구나. 많이 속상했구나." 등과 같이 아이의 말에 공감해 주고 아이 입장에서 이야기해 주어야 한다.

이런 말들을 통해 아이는 자존감이 올라가고 자기 자신을 믿게 된다. 실수해도 "괜찮아."라고 말해 주고, 거짓말을 들켜도 "괜찮아."라고 말해 준다면 아이는 심리적으로 부모가 자기편이라는 생각을 하게 된다.

아이들에게 절대 하면 안 되는 부모의 행동 중 하나는 바로 소리를 지르는 것이다. 가장 조심해야 할 부분이다. 부모 입장에서는 잘해 주고 또 잘해 주고 예쁘게 말하는데 아이가 말을 안 들으니까 소리를 지른다. 하지만 부모가 소리 지르는 행동을 하지 않아야 아이가 사춘기를 무난하게 지나갈 수 있다. 아무리 소리를 지르고 대성통곡을 해도 아이들은 무서워하지 않는다. 부모들도 사회생활을 하면서 진짜 무서운 사람들은 소리를 지르지 않는다는 것을 경험했을 것이다. 아주 낮은 목소리로 단호하게 말하는 사람들이 진짜 무섭다.

아이가 하는 모든 행동에 대해 부모가 소리를 치면 아이들은 자기가 하는 모든 일에 대해 흥미를 잃게 된다. 그래서 웬만해서는 소리를 치면 안 된다. 아이는 사춘기 시절을 겪고 나면 더 이상 부모가 무섭지 않다. 그래서 아무리 소리를 쳐도 무시하게 된다. 그런 아이는 너무 불행하게도 자기가 하는 모든 일에 흥미를 느끼지 못하고 그냥 무기력해진다.

아이를 훈육할 때는 조용한 목소리로 집중시켜야 부모의 말을 더 잘 듣는다. 소리를 지르면서 교육하는 부모들은 점점 더 큰 목소리로 이야기해야 아이들이 듣게 된다. 부모들이 아이가 공부하지 않을 때마다 소리를 지르면 나중에는 아이가 혼자서는 공부를 하지 않는다. 왜 공부를 하지 않을까? 소리를 지르는 부모가 무서워서 공부를 했기 때문이다.

부모가 화를 내며 소리를 질러야만 공부한 아이는 억지로 공부를 한 것이다. 공부에 흥미를 느끼거나 스스로 공부를 해야 하는 이유를 찾기보다는 단순히 부모한테 혼나기 때문에 공부를 한 것이다. 공부 말고도 부모가 무슨 일을 시킬 때 큰소리로 말하면 아이들은 혼나기 싫어서 밥을 먹고 양치질을 하고, 장난감을 치우고 학원에 간다.

부모에게 항상 큰소리로 혼나는 아이들은 자기가 정말 큰 잘못을 했을 때도 그 잘못을 제대로 인지하지 못한다. 그러다 보면 아이가 학폭을 했거나, 남의 물건을 훔쳤거나, 친구들과 함께 나쁜 짓을 했을 때 부모가 혼내도 평소에 그러듯이 다 똑같은 잔소리라고 생각하게 된다.

물론 부모들이 아이에게 큰소리를 쳐야 할 때가 있다. 나는 안전에 대해서는 강하게 말한다. 실제로 우리 아이들이 어린 시절에 무단횡단을 하려고 했을 때 큰소리를 친 적이 있다. 아이들에게 정말 위험하니까 절대 하면 안 되는 행동이라는 걸 알려 주기 위해서였다. 당시 아이들은 나의 그런 모습을 처음 봐서 무척 놀랐고, 내가 혼내자 울었다. 그런데 정말 다행인 것은 이후에는 절대로 무단횡단을 하지 않는다. 도로에서는 장난도 치지 않는다. 아빠가 화난 걸 기억하고 있기 때문이다. 물론 큰소리로 혼내고 나서는 아이들에게 정말 위험한 순간이어서 큰소리를 쳤다고 설명해 주었다. 그리고 아빠가 큰소리를 쳐서 미안하다고, 놀라게 해서 미안하다고 사과했다.

정말 혼내야 할 때만 소리를 내야 아이들도 기억하고 자기가 큰 잘못을 했다는 것을 알게 된다. 그런데 매일같이 자주 소리를 치면 다른 사람들이 소리를 쳐도 그냥 넘겨 버린다. 친구들과 놀 때 장난이 심해서 친구가 그만 하라고 소리를 쳐도 매일 부모에게 큰소리로 혼난 아이들은 아무렇지 않게 행동한다. 그래서 하지 말라고 하는 친구에게 계속해서 장난을 치는 경우가 있다. 학교에서 선생님이 혼낼 때나 주변 어른들이 혼낼 때도 이런 현상이 발생한다.

항상 부모에게 큰소리로 혼난 아이들은 다른 사람들에게 혼나도 '내가 뭘 잘못한 거야?', '왜 그러지?', '왜 나한테 그래?'라는 생각에 분노가 생길 수 있다. 이런 아이로 키우기 싫다면 지금 당장 아이에게 소리 지르는 행동을 중단해야 한다.

아이가 사춘기 때 부모에 대한 분노가 높은 이유는 이전까지 맺어 온 부모와의 관계 때문이다. 부모가 아이가 어렸을 때 아이를 존중해 주고, 아이의 이야기를 들어 주고, 훈육을 할 때도 큰소리치지 않고 차분하고 낮은 목소리로 했다면 아이의 사춘기도 잘 넘길 수 있을 것이다.

아이를 교육할 때 소리 지르고 물건을 던지고 매를 들었다면, 그 아이는 나중에 부모보다 덩치가 더 커지고 부모가 더 이상 무서운 존재가 아니라고 느낄 때 부모에 대한 분노가 폭발하게 된다. 그렇게 되면 부모는 감당이 안 될 만큼 아이로 인해 고통을 받을 수 있다.

아이가 사춘기에 접어들면 아무런 이유 없이 부모와 거리를 두기 시작한다. 사춘기 아이는 부모에게 말하고 싶어도 말하기 싫고 비밀이 많아진다. 이제는 부모가 아이에게 다 해 줄 수 있다는 생각을 버려야 한다. 아이에게는 부모만으로 충분하지 않다. 요즘에는 친구들이 아닌 유튜브를 통해서 사춘기를 극복하는 경우도 많다.

사춘기는 누구나 겪는다. 이제 아이가 아닌 어른으로 출발하려는 아이들을 위해서 부모가 멋진 어른으로 성장할 수 있게 도와주자. 부모의 또 다른 이름은 희생이라고 한다. 사춘기에는 부모가 희생해 주자.

"

사춘기는 이제 아이가 아닌 어른이 되는 과정이다.
아이가 잘하면 잘하는 대로 칭찬해 주고,
못하면 못하는 대로 응원하며 기다려 주자.

"

PART 3

성관계에는
책임감이 따라요

1

성관계에 동반되는
책임감을 알려 주세요

　가족들이 다 같이 보는 다큐 프로그램에서 수중분만을 하는 장면이 나왔다. 산모가 고통을 이겨 내면서 아이를 출산하고 있었다. 이걸 본 아이는 무척 놀란 표정으로 눈물을 흘리면서 말했다.

　"와, 정말 대단하다. 감동이야. 저렇게 힘들게 아이를 낳는구나."

　그 다큐 프로그램에서는 수중분만에 실패한 산모가 제왕절개를 하는 모습도 나왔다. 제왕절개는 출산 후 회복이 늦어서 산모가 무척 힘들다는 설명이었다. 그때 엄마의 배를 유심히 본 아이는 엄마 배에서 제왕절개 수술 자국이 있는 걸 발견했다. 아이는 엄마의 배를 만지면서 눈물을 흘리며 말했다.

"엄마, 나를 낳느라고 평생 없어지지 않는 수술 자국을 생기게 해서 미안해."

"엄마, 나를 낳아 주어서 너무 고마워. 엄마, 사랑해!"

그때 엄마가 갑자기 아이를 안고 이렇게 말했다.

"엄마 제왕절개 수술 안 했어. 배에 있는 자국은 쫄바지 자국이야. 고무줄 자국…. 너무 작은 걸 입어서 배에 배긴 것 같아."

엄마의 예상치 못한 고백에 온 가족이 한바탕 크게 웃었다.

사실 자연분만이나 제왕절개 모두 고통이 따른다. 그만큼 아이를 낳는다는 건 무척이나 힘들다. 이때 아이에게 아이를 낳는 게 얼마나 힘들고 희생을 해야 하는지를 자세히 알려 주었다면 더 큰 감동이 있지 않았을까?

미국이나 유럽의 고등학교에서는 임신하는 과정과 육아를 체험하게 한다. 임산부 체험복을 입어 보고 아이가 태어났을 때의 고통, 태어난 아이가 30분마다 울고 배고프다고 분유 달라고 하는 체험을 한다.

이 체험을 통해서 아이를 출산하고 키우는 게 얼마나 힘든지를 알게 된다. 아이를 키울 수 있는 준비가 되지 않은 상태에서 임신을 하는 게 얼마나 힘든 일인지를 알려 주는 교육이기도 하다. 이런 수업을 하면서 자연스럽게 피임을 하지 않고 성관계를 하면 안 된다는 경각심을 일깨운다.

결혼을 하고 아이를 키울 준비가 되어 있다면 임신은 정말 축복받을 일이다. 하지만 아무런 준비 없이 아이가 생기는 건 정말 많은 고통을 감수해야 한다. 2024년에 방영했던 「고딩엄빠」라는 프로그램만 봐도 공부를 해야 할 나이에 아이를 키우고, 심지어 혼자 아이를 키우는 모습도 왕왕 볼 수 있다. 서로 사랑해서 성관계를 할 수는 있다. 하지만 축복받지 못한 아이는 무슨 죄인가? 그래서 청소년 시기에 피임 방법을 알고 있는 건 무척 중요하다.

나도 사실 결혼하기 전까지 임신, 출산, 육아에 대해서 잘 몰랐다. 엄마라면 한 번쯤은 겪는 과정이라고 생각했다. 하지만 아내의 임신과 출산을 옆에서 지켜보니까 모든 걸 포기해야 하는 일이었다.

임신을 하니 입덧이 심해서 먹지도 못하고, 변비가 생겨서 배가 부글부글한 현상이 지속되었다. 몸이 점점 무거워져서 혼자 일어나기도 힘들고, 열 달 동안 아내가 좋아하는 러닝도 할 수 없고, 좋아하는 술도 먹지 못했다. 꾸미는 것을 좋아하는 아내는 거울을 볼 때마다 체중이 불어난 모습을 보고 우울해했다.

출산도 무척이나 고통스럽다. 아내는 20시간 정도 진통을 느끼고 겨우 출산을 했다. 하루 종일 잠도 자지 못하고 20시간을 계속 진통을 느끼면서 제왕절개를 할까 말까 고민하다가 힘들게 첫 아이를 출산했다. 옆에서 보고 있기만 한 나도 진이 빠질 정도로 출산의 고통은 컸다.

나도 요로결석이 있었던 적이 있는데 그 작은 돌을 소변으로 내보낼 때 정말 고통스러웠다. 정말 배도 아프고 음경이 찢어지는 줄 알았다. 작은 돌도 빠져나오는 게 엄청나게 아픈데 아이를 낳는 건 정말 대단한 고통이 따를 것이다.

아내는 아이를 낳고 1주일 정도는 제대로 걷지도 못했다. 집에서는 10분에 한 번씩 우는 아이를 안아 주느라 팔목에 보호대를 차고 지냈다. 젖몸살 때문에 열이 많이 나서 응급실에 간 적도 있었다. 하지만 아이에게 모유를 주어야 해서 약을 먹을 수가 없었다. 스트레스 받을 때면 먹던 매운 떡볶이도 수유 때문에 먹지 못했다.

우리 아이는 잠을 자면 1시간, 오래 자도 3시간마다 잠을 깼다. 그때마다 모유를 먹이다 보니 24시간을 아내가 옆에서 함께 있었다. 아이가 태어나면 엄마 입장에서는 정말 아무 일도 할 수 없다. 24시간을 아이를 위해서 살아야 한다. 아빠들도 아이가 태어나면 더 열심히 일을 해야 한다. 일단 돈이 많이 든다. 돈을 벌기 위해서 일해야 하고, 일이 끝나고도 친구나 동료와 놀 수가 없다. 엄마, 아빠 모두 아이를 위해서 24시간을 다 투자해야 한다.

나는 아내가 육아 때문에 너무 힘들어해서 정말 많은 노력을 했다. 우선 아내가 임신하고 나서는 내가 좋아하는 운동 모임을 포기했고, 당연히 친구들과의 술자리도 끊었다. 아이가 태어나고 나서는 집안의 모든 일을 내가 다 하기 시작했다. 육아도 상반신은 아내, 하반신은 내가 하기로 했다. 모유는 내가 줄 수 없기 때문에 하반신에 해당하는 기저귀는 내가 다 갈았다.

아내와 함께 육아를 하면서 느낀 점은 정말 부모의 희생 없이는 아이를 키울 수 없다는 것이다. 아이가 하루에 23시간 50분을 울고 떼쓰고 짜증을 내도 10분 잠깐 웃어 주면 하루 동안 힘들었던 게 다 풀렸다. 우리 부부는 이런 이야기를 아이들에게 조금씩 해 준다.

"너희가 태어나서 너무 행복하고 좋지만 키우는 과정은 정말 힘들었단다."

이런 이야기를 들려주면 아이 입장에서 '임신과 출산의 과정은 정말 힘들구나. 아이를 키우는 것은 무척 힘든 과정이 필요하구나.'라는 걸 느끼게 된다. 아이에게 어떻게 아이를 임신하고 출산했는지, 그리고 어떻게 키웠는지를 이야기해 주는 것은 임신과 출산을 가르쳐 줄 때 아주 좋은 방법이다.

성교육 강의를 할 때 아이들에게 출산의 고통에 대해서 이야기하면 학생들 중 몇 명은 눈에서 눈물이 글썽거린다. 부모가 자신을 위해 희생했다는 사실은 아이들 입장에서 무척 감사한 일일 것이다. 준비 없이 아이를 낳는 건 정말 힘들고 모든 걸 포기해야 한다는 걸 꼭 이야기해 주어야 한다. 그래야 아이들이 피임에 대해서 더 관심을 갖게 되고 성관계를 할 때 더 조심하게 된다.

내가 개그맨으로 활동할 때 지켜보게 된 정말 안타까운 사례를 소개하겠다.

사례

한 여학생이 학창 시절부터 매우 예능감이 뛰어났다. 노래도 잘했고 춤도 정말 잘 추었다. 댄스 대회에 나가면 늘 대상을 받았다. 이 학생의 꿈은 제2의 보아가 되는 거였다. 실제로 학창 시절에 SM 기획사에서 스카우트 제의도 받았다. 하지만 가정 형편이 좋지 않았던 이 학생은 계약금을 주는 기획사와 계약을 하고 가수 준비를 했다.(그 시절에는 신인가수에게 계약금을 주는 기획사가 거의 없었다. 그만큼 이 학생의 재능을 높이 평가한 것이다.)

연습생으로 가수를 준비하는 중간 평가에서 대한민국의 유명한 가수 프로듀서들에게 극찬을 받을 정도로 대단한 스타 후보였다. 보통은 데뷔하기까지 연습생 시절을 1~2년 정도 거치는데 이 학생은 6개월 만에 모든 과정을 마스터하고 음반 준비를 하게 되었다. 당시 최고의 작곡가에게 곡도 받고 앨범도 반 이상 녹음이 된 상태였다.

그러던 중 갑자기 이 학생에게 충격적인 일이 벌어졌다. 임신을 하게 된 것이다. 학교 다닐 때부터 만나던 남자친구의 아이를 갖게 되었다. 데뷔를 준비하던 이 학생은 생명을 포기할 수 없어서 모든 걸 잠시 내려놓기로 하고 출산을 했다. 아이를 낳고 다시 돌아가겠다는 생각이었을 것이다.

하지만 아이를 낳고 키우면서 시간은 점점 흘렀고, 3년 후 자신보다 못하다는 평가를 받은 같은 기획사 연습생이 대한민국 최고의 여자가수가 되었다. 자신이 받았던 노래로 가요 프로그램 정상에 섰기 때문에 그 고통은 더 심했다. 가정 형편이 좋지 않은 상태인 데다 남편도 너무 어린 나이에 결혼해서 돈을 많이 벌 수 없었기 때문에 그 당시 무척 힘들어했다.

나는 강의할 때 학생들에게 이 이야기를 해 준다. 그 이유는 아무런 준비 없이 아이를 낳으면 자신의 꿈을 포기해야 한다는 이야기를 하고 싶어서이다. 물론 아이를 위해서 자신의 꿈을 포기할 수 있다. 나도 예전에는 유재석이 되는 게 꿈이었다. 하지만 아이가 생기고 나서는 훌륭한 아버지가 되는 게 꿈이 되었다.

난 다행히도 내 꿈을 위해서 도전해 보았기 때문에 후회가 많지 않지만 아무런 도전도 해 보지 못하고 꿈을 버린다는 건 정말 큰 고통일 것이다. 그래서 청소년기에 아이를 낳는다는 건 큰 고통이 따른다는 걸 미리 알려 주어야 한다.

부모들이 아이들에게 임신 출산 그리고 육아에 대해서 미리 이야기해 주어야 고딩엄빠가 되는 걸 예방할 수 있다.

66

계획 없는 성관계에는 너무 큰 책임감이 따른다.
준비 없이 아이를 낳는 건 정말 힘들고
자신의 모든 것을 포기해야 한다.

99

2

아이에게
피임 방법을 알려 주세요

부모들은 피임에 대해서 얼마나 알고 있을까? 강의를 다니면서 느낀 건 부모들도 아이들과 별반 차이가 없을 정도로 피임에 대해서 잘 모른다는 것이다. 사실 나도 학창 시절에 피임 관련한 교육을 받지 못했고 콘돔 사용하는 방법도 성인이 되고 나서 친구한테 배웠다. 그만큼 피임에 대해서 지식이 없는 사람이 많다. 먼저 어느 정도의 피임 방법을 알고 있는지 간단하게 테스트해 보자.

문제 1. 콘돔을 살 수 없는 곳은?
① 약국　　② 문방구　　③ 올리브영　　④ 편의점

이 문제는 정말 쉽기 때문에 무조건 맞혀야 한다. 만약 틀린다면 한 번도 콘돔을 구매하지 않은 사람일 것이다. 콘돔 사용은 가장 건강하고 간편한 피임 방법이다. 그래서 콘돔의 구매처는 꼭 알아야 한다.

정답은 바로 문방구이다. 문방구에서는 콘돔을 살 수 없다. 많은 부모가 오답으로 말하는 곳이 편의점과 올리브영이다. 콘돔은 약국, 편의점, 마트 등에서 구매할 수 있다. 콘돔을 살 때 부끄러워서 감기약이나 박카스를 하나 사면서 거기에 은근슬쩍 콘돔을 같이 계산하는 경우가 있는데 당당하게 사기 바란다.

콘돔을 사는 게 왜 부끄러운가? 우리나라 사람들이 유독 심한 것 같다. 실제로 OECD 국가 중 콘돔 사용률이 가장 낮은 국가가 바로 대한민국이다. 외국에서는 성관계를 할 때 콘돔을 당당하게 사용한다. 부끄러운 일이 절대 아니다.

문제 2. 콘돔을 살 수 있는 나이는?
① 초등학생   ② 중학생   ③ 고등학생   ④ 대학생

콘돔을 살 때 나이 제한이 있을까? 있다면 과연 언제부터 살 수 있을까? 강의를 다니면서 이 질문을 하면 깜짝 놀라는 부모들이 꽤 있다. 정답은 누구나 구매할 수 있다. 아이들도 콘돔을 사고 싶으면 어른과 동일하게 편의점, 약국, 올리브영 등 다양한 곳에서 콘돔을 구매할 수 있다. 지하철역 화장실에 비치된 자판기나 온라인에서도 콘돔을 구매할 수 있다.

하지만 특수형 콘돔은 청소년들이 살 수 없다. 특수형 콘돔이란 표면이 오톨도톨한 돌기형 콘돔, 사정 시간을 늦춰 주는 약물이 묻어 있는 사정지연형 콘돔 등 말 그대로 특수한 콘돔을 말한다. 특수한 콘돔을 함께 판매하는 온라인 쇼핑몰의 경우는 성인 인증 절차를 거쳐야 해서 청소년은 접속이 제한될 수 있다.

강의할 때 콘돔에 대해서 말하면 이런 말을 하는 부모들이 있다.

"우리 애한테 콘돔을 사용하라고 알려 주는 거예요?"

맞다. 콘돔을 사용하라고 알려 주는 것이다. 하지만 아이들이 성관계를 하지도 않는데 왜 콘돔에 대해서 알려 주는 거냐고 불쾌한 표정을 짓는 부모들이 있다. 그럼 아이들에게 "콘돔을 구매하면 안 된다."고 하면 아이들이 성관계를 하지 않을까?

청소년 시기에는 성에 대한 호기심이 정말 많다. 성 호르몬이 폭발적으로 분비되면서 몸의 변화가 시작되면 자연스럽게 이성 친구에게 관심을 가지게 되고 성에 대해서 눈을 뜨게 된다. 물론 나는 성교육 강사로서 청소년들에게 성인이 되기 전까지는 성관계를 하지 말라고 이야기한다. 하지만 혹시라도 성관계를 하게 된다면 기본적인 피임 방법인 콘돔에 대해서 알아야 한다. 피임 방법을 배우지 못한 청소년들은 임신을 방지하기 위해 콘돔 대신 비닐랩이나 비닐봉지를 사용하는 등 비위생적이고 피임이 전혀 되지 않는 방법으로 성관계를 가진다.

성관계를 할 때는 임신 방지도 중요하지만 성병 예방도 정말 중요하다. 콘돔을 바르게 사용한다면 임신도 방지하고 성병에도 걸리지 않을 수 있다. 콘돔 사용은 매우 안전한 피임 방법 중 하나이다. 질병관리

본부에서도 일반 피임약, 루프, 수술 등으로 피임을 하고 있더라도 추가적으로 콘돔을 사용해 성병을 예방하는 것을 권고하고 있다.

콘돔에 대해서 설명한다고 지금 당장 성관계를 하라는 게 아니다. 우리는 지진이 났을 때를 대비해 지진에 대처하는 방법을 미리 배운다. 불이 났을 때를 대비해 화재에 대처하는 방법을 배운다. 소화기 사용법도 역시 지금 당장 소화기를 사용하라는 게 아니라 불이 났을 때 사용하라고 배우는 것이다. 심장이 뛰지 않을 때 대처하는 인공호흡이나 심폐소생술을 배우는 것처럼 우리가 그런 상황이 닥쳤을 때 활용하라고 배우는 것이다.

콘돔 사용도 같다. 당장 성관계를 하기 위해 배우는 게 아니라 나중에 이런 상황이 왔을 때 피임을 하지 않고 성관계를 가지면 임신이 될 수 있기 때문에 콘돔 사용하는 걸 미리 배워 두는 것이다. 그래서 미리 아이들에게 콘돔을 사는 게 아무런 문제가 없고 성인이 아니어서 콘돔을 구매하지 못하는 게 절대 아니라고 알려 주어야 한다. 그리고 청소년이 콘돔을 사는 게 절대로 나쁜 게 아니라고 말해 주어야 한다.

예전에 비해서는 많이 달라지긴 했지만 아직까지는 학생들이 콘돔을 사면 이상한 시선으로 보는 사람이 있을 수 있다. 이런 사회적 분위기는 청소년들이 피임을 할 수 없게 만든다. 청소년 시기에는 성관계를 하지 않는 게 좋지만 만약 하게 된다면 스스로를 지키기 위해 콘돔을 사는 행위를 지지해 주자.

문제 3. 콘돔 사용법 중 잘못된 것은 무엇일까?

① 사용 전 유통기한을 확인한다.

② 착용 전 콘돔 끝에 공기가 차지 않도록 손가락으로 살짝 비튼다.

③ 콘돔을 충분히 발기된 음경에 씌운다.

④ 사정 후 음경이 위축되기 전에 콘돔 끝부분을 잡고 빼낸다.

정답은 바로 ②번이다. 공기가 차지 않도록 손가락으로 비틀면 콘돔에 상처가 나서 정액이 샐 수 있기 때문이다.

콘돔을 사용할 때는 먼저 유통기한을 확인해야 한다. 그 이유는 간단하다. 몸에 사용하는 것이기 때문이다. 포장지를 찢을 때는 포장지 끝부분을 조심스럽게 찢어 콘돔에 상처가 나지 않게 해야 한다. 이빨로 찢거나 포장지 중간을 찢으면 콘돔까지 찢어질 수 있다. 그리고 발기된 음경에 콘돔을 씌우면 된다.

여기서 중요한 건 콘돔이 말린 부분이 있는데 내려가는 방향으로 씌우면 된다. 반대쪽으로 씌우면 콘돔이 내려오지 않는다. 사정 후에는 음경이 위축되기 전에 콘돔 끝부분을 잡고 빼내야 한다. 성관계 후 음경이 작아져서 콘돔이 음경에서 빠지는 경우가 있는데, 이때 정액이 흘러서 임신이 될 수도 있기 때문이다.

올바른 콘돔 사용법

① 콘돔을 포장지에서 꺼낸다.

② 돌돌 말린 링을 기준으로 볼록한 곳을 바깥쪽으로 향하게 한 뒤 콘돔을

펼친다.(안과 밖이 바뀌면 제대로 펴지지 않고 찢어질 우려가 있다. 앞뒤를 뒤집어 착용했다면 주저하지 말고 버려야 한다.)

③ 콘돔을 발기된 음경에 씌운다.

④ 사용 후 음경이 위축되기 전에 콘돔 끝부분을 잡고 빼낸다.

⑤ 사용한 콘돔을 묶어서 휴지에 싸서 버린다.

문제 4. 다음 중 올바르지 않은 피임 방법은?
① 콘돔   ② 경구피임약   ③ 질외사정   ④ 자궁 내 장치

정답은 질외사정이다. 피임을 하지 않는 성인들이 가장 많이 하는 피임 방법 중 1등이 바로 질외사정이다. 부부들도 피임이 귀찮아서 질외사정을 하는 경우가 많다.

질외사정은 매우 위험한 피임 방법이다. 이유는 간단하다. 남자의 정액은 사정할 때만 나오는 게 아니기 때문이다. 성관계를 하는 동안 음경에서 조금씩 정액들이 나온다. 이것을 쿠퍼액이라고 한다. 그래서 질외사정을 한다고 해서 임신이 안 되는 게 아니다. 이런 식으로 피임하는 청소년들 중에 고딩엄빠가 되는 경우가 정말 많다.

질외사정은 사정 속도를 컨트롤하기 힘들고, 쿠퍼액으로도 임신 가능성이 있기 때문에 올바른 피임 방법이라고 할 수 없다. 참고로 우리 딸도 질외사정으로 생겼다. 그래서 내가 확실하게 말할 수 있다.

문제 5. 경구피임약과 콘돔을 사용하면 피임성공률이 100%이다.
① ○　　② ×

　여자는 피임약을 복용하고 남자는 콘돔을 사용하면 완벽한 피임이라고 생각하는 사람이 많다. 콘돔 착용과 피임약 복용을 동시에 한다면 피임성공률이 높아지는 건 맞다. 하지만 100% 완벽한 피임 방법은 없다. 경구피임약을 사용하는 커플 100쌍 중 약 9쌍이 임신할 수 있고 콘돔을 사용하는 커플 100쌍 중 약 18쌍이 임신할 수 있다.

　내가 들은 이야기 중에 정말 대단한 임신이 있다. 남편이 정관 수술을 받았다. 정관 수술을 했을 때 임신 확률은 1% 정도라고 한다. 그래서 정관 수술은 가장 완벽하다고 할 수 있는 피임 방법이다. 그런데 1%의 확률을 이루어 낸 정말 대단한 힘을 가진 아이가 생긴 것이다. 그래서 아이의 태명을 헐크라고 지었다고 한다.

문제 6. 경구피임약을 오래 복용해도 부작용은 생기지 않는다.
① ○　　② ×

　예전에 사용했던 경구피임약은 여자 몸에 부작용이 나타나는 경우가 있었다. 하지만 최근에는 에스트로겐 함량이 낮은 경구피임약이 개발되어 보다 안전하게 사용할 수 있게 되었다. 하지만 이 약들은 성인을 대상으로 실험한 것이기 때문에 청소년이 복용하기에는 안전하다고 할 수 없다. 그러므로 아이들에게 이렇게 말해 주어야 한다.

"너는 지금 성장하는 시기이기 때문에 피임약을 복용하면 몸에 부작용이 생길 수 있어."

"피임약은 대부분 성인을 대상으로 만들었기 때문에 성인이 되고 나서 관계를 가질 때 약을 복용하길 바라."

문제 7. 피임약에는 사전 피임약인 경구피임약과 응급 시 사후에 복용하는 응급피임약이 있다. 이 중 응급피임약은 처방전 없이 구매가 가능하다.
① ○   ② ×

성경험이 많이 없는 청소년 시기에 성관계를 하다 보면 피임을 제대로 하지 못해서 정말 한 번의 실수가 임신으로 이어지는 경우가 있다. 이럴 때는 응급피임약을 복용해야 하는데 처방전 없이는 절대 약을 살 수 없다. 경구피임약은 상황에 따라 처방이 필요한 경우도 있지만 약국에서 구매할 수 있다.

하지만 응급피임약은 고용량 호르몬 피임약이기 때문에 위급·응급 시에만 사용해야 하며 의사의 처방전이 꼭 필요하다. 응급피임약은 말 그대로 응급이기 때문에 약이 독하다. 그래서 부작용이 나타날 수 있다. 어지럽고, 생리주기가 변하고, 심할 경우 구토를 하기도 한다. 약이 독하기 때문에 청소년들에게는 더 좋지 않다.

응급피임약을 복용한다고 해서 100%로 피임이 되는 것도 아니다. 말 그대로 응급피임약은 일시적 피임 방법이다. 그래서 자신의 몸을 체크하면서 임신테스트기로 확인해야 한다. 혹시라도 정말 응급피임약이 필요하다면 성관계 후 72시간 안에 복용해야 한다. 시간이 빠를수록 효과가 있다. 그래서 원치 않는 임신을 예방하기 위해서는 사전에 콘돔을 사용하고 경구피임약을 복용해야 한다.

문제 8. 월경 중에는 절대 임신이 될 수 없다.
① ○   ② ×

"생리 중이니까 임신이 안 된다."며 성관계를 해도 괜찮다고 말하는 경우가 있다. 실제로 그 말을 믿고 피임을 하지 않고 성관계를 가졌는데 임신이 되었다.

생리주기가 짧거나 돌발성 배란의 경우 생리 중에도 성관계를 하면 임신이 될 수 있다. 더구나 청소년기는 성장하는 시기여서 몸 컨디션에 따라서 생리주기가 변할 수 있다. 그래서 생리기간을 정확하게 알 수가 없고 생리가 끝난 직후의 성관계로도 임신이 가능하다.

더 놀라운 사실은 남자의 정자는 여자의 몸에서 길게는 2~3일 정도 살 수 있다. 그래서 생리 중에 성관계를 해도 정자가 살아 있기 때문에 생리가 끝나는 시기에 임신될 수 있다.

문제 9. 성관계 후 소변을 보고 깨끗하게 씻어 내면 임신 가능성이 낮아진다.
① ○   ② ×

어느 정도 문제를 풀다 보니 이건 정답이 쉬울 것 같다. 어떠한 상황에서도 피임 없는 관계에서는 임신 가능성을 배제할 수 없다.

정답을 5개 이상 맞혔다면 어느 정도 피임 지식이 있다고 볼 수 있다. 제시한 총 9개 문제의 정답만 알아도 아이들에게 피임에 대해서 잘 이야기해 줄 수 있다. 다시 한 번 말하지만 피임을 알려 주는 건 지금 당장 피임 방법을 사용하라는 게 아니다. 미리 알고 있어야 나중에 필요할 때 사용할 수 있기 때문이다.

피임 방법에 대해 아이가 먼저 물어보면 아주 좋겠지만 그런 아이는 많지 않다. 그래서 분위기 좋을 때 자연스럽게 아이에게 꼭 알아야 하는 지식이니 부끄러워하지 말고 들으라고 하며, 나중에 성인이 되고 나서 사용하라는 의미로 알려 주면 된다. 부모에게 피임 방법을 배우는 건 정말 건강한 성교육이다.

마지막으로 완벽한 피임 방법이 있긴 하다. 내가 성교육을 할 때 "완벽한 피임 방법이 있다."고 하니 한 학생이 "콘돔 2개 끼면 되는 거죠."라고 해서 크게 웃었던 적이 있다. 일단 콘돔은 2개를 끼는 것도 힘들고 2개를 낀다고 해서 완벽한 피임 방법이 아니다.

정말 완벽한 피임법은 바로 성관계를 하지 않는 것이다. 성관계를 하지 않으면 절대 임신을 하지 않는다. 허무 개그 같지만 나는 강의가 끝날 때 꼭 이 말을 해 준다. 왜냐하면 청소년 시기에는 성관계를 할 수 있는 공간이 많이 없고, 마땅치 않은 공간에서 급하게 콘돔을 끼우다 보면 찢어지고 정액이 샐 수 있기 때문이다. 그래서 나중에 성인이 되고 나서 좋은 공간에서 급하지 않게 서로 사랑을 나누라고 이야기한다.

66

왜 고딩엄빠가 나오는 걸까?
콘돔을 착용해도 고딩엄빠가 될 수 있다.
나중에 성인이 되어 필요할 때 사용할 수 있도록
청소년기에 피임 방법을 제대로 알려 주어야 한다.

99

3

포경 수술은
꼭 해야 할까요?

내가 초등학교 4학년 무렵에 우리 엄마는 주변에서 포경 수술을 하지 않은 남자아이들을 모집했다. 이유는 단체로 포경 수술을 하면 1명은 공짜였기 때문이다. 당시는 남자라면 너도나도 포경 수술을 하던 시절이었다.

우리 엄마는 주변 엄마들을 모아서 포경 수술을 하러 갔다. 총 10명을 모아 온 엄마는 나를 공짜로 수술시킬 수 있어서 뿌듯해했다. 그런데 나는 그날 포경 수술을 하지 못했다. 그때 엄마가 씁쓸해하시던 모습이 생각난다. 수술을 하지 않은 이유는 나중에 말하겠다.

포경 수술을 하러 간 날, 같이 간 아이들을 살펴보며 의사 선생님이 놀란 표정으로 이렇게 말했다.

"아이가 아니라 어른도 있네요."

그때는 몰랐지만 어른이 되고 나서 생각해 보니 그 친구는 2차 성징이 있었던 것이다.

성교육 강의를 하면 아들을 키우는 부모들이 아들의 포경 수술을 해야 하는지 많이 물어본다. 나는 성교육을 잘 시키면 포경 수술을 안 해도 된다고 대답해 준다.

남자 생식 기관인 음경 맨 앞에 귀두가 있다. 음경 끝의 커진 부분이 귀두이다. 그런데 포경 수술을 하지 않으면 귀두를 살이 덮고 있는데 이 피부를 제거하는 수술이 바로 포경 수술이다. 귀두는 남자의 몸 중에서 가장 예민하다. 살짝만 터치해도 자극이 매우 크다. 그래서 귀두를 보호하기 위해서 피부가 덮고 있는 것이다. 이 귀두와 피부 사이에 노폐물이 끼는데 그 노폐물이 나중에 만성 염증이나 좋지 않은 질환으로 발전하는 경우가 있다. 그래서 포경 수술을 하는 것이다.

아들이 변기에 소변을 묻혀서 매일 청소해야 돼요

아들이 화장실에서 소변을 보면 꼭 변기에 묻는 경우가 있다. 이런 이유도 바로 귀두를 감싸고 있는 피부 때문이다. 귀두를 통해서 나오는 소변을 피부가 막고 있어서 소변이 한 줄로 나오지 않고 두 줄, 세 줄로 나오는 것이다. 정말 소변을 잘 싸고 싶은데 변기에 묻는 이유는 다 이 때문이다. 그러니 아들에게 똑바로 싸라고 화내지 마라. 아들은 정말 잘 조준해서 싸고 싶은 마음이다. 그런데 마음대로 안 되는데 어떡하나?

그런데 포경 수술을 하지 않은 아들이 변기에 소변을 묻히지 않는 방법은 있다. 소변을 볼 때 귀두를 살짝 보이게 귀두를 감싸고 있는 피부를 조금 당기면 된다. 그럼 피부에 막혀서 두세 줄로 나오던 소변이 한 줄로 나오게 된다. 이것은 같은 남자인 아빠가 이야기해 주는 게 좋다. 물론 상황이 여의치 않으면 엄마가 잘 이야기해 주어도 된다.

자, 그럼 다시 처음으로 돌아가서 포경 수술을 꼭 해야 하는 걸까? 나의 대답은 "꼭 해야 할 필요는 없다."이다. 실제로 외국에서는 포경 수술을 하지 않는 경우가 많은데 우리나라에서는 포경 수술을 많이 한다고 한다. 풍문에 의하면 과거에는 우리나라에서도 포경 수술을 하지 않았는데 비뇨기과에서 손님을 많이 오게 하려고 '남자는 포경 수술을 꼭 해야 한다.'고 소문을 냈기 때문에 많이 하게 됐다고 한다. '포경 수술을 하면 음경이 더 커진다.'는 풍문도 있다.

그런데 요즘은 포경 수술을 하지 않는 사람도 많다. 굳이 수술을 하지 않아도 자연포경이 되는 경우가 많기 때문이다. 그럼 자연포경은 무엇일까?

자연포경은 한마디로 말하면 귀두가 완전히 노출된 상태를 말한다. 귀두와 포피의 유착이 떨어지면서 귀두가 노출되는 것이다. 귀두가 평소에도 노출되는 사람이 있고 발기가 되었을 때 노출되는 사람이 있는데 평소에도 귀두가 노출된 경우가 자연포경이다. 내가 별도로 수술을 하지 않은 이유는 자연포경이었기 때문이다.

포경 수술을 해야 하는 경우는 바로 진성포경일 때다. 진성포경은 귀두가 나오지 않고 까지지 않는 것을 말한다. 귀두와 포피의 유착이 분리되지 않은 것이다. 포피륜이 좁은 경우인데, 한마디로 귀두를 피부가 조이고 있기 때문에 귀두가 노출되지 않는 것이다. 이런 경우에는 포경 수술을 해야 한다. 진성포경일 때는 소변을 보고 나서 피부에 묻거나 남아 있어서 포피에 염증이 자주 생기고 피부가 두꺼워지기 때문이다.

부모 입장에서는 아이가 무서워하는 데다가 자연포경이 될 수 있으니 일부러 포피를 까거나 혹은 까둔 채로 생활하는 게 좋겠다는 생각이 들 수도 있을 것이다. 그런데 그럴 경우 오히려 포경 수술을 해야 하는 상황이 발생한다. 일부러 귀두를 나오게 하려고 포피를 뒤쪽으로 당기면 정상 위치로 환원되지 못하는 상태가 될 수 있다. 그래서 무리하게 자연포경을 하려고 만지면 안 된다.

우리의 음경은 처음에는 포피가 귀두를 덮고 있다가 나이가 들수록 점점 붙어 있던 피부가 떨어지게 된다. 음경도 나이를 먹으면서 커지기 때문에 자연스럽게 자연포경이 되게 해야 한다. 귀두가 완전히 노출될 때까지 뒤로 벗겨지면 자연포경이다. 요즘은 이런 현상으로 자연포경이 되는 경우가 많다.

자연포경이 되면 아이들은 무척 놀란다. 포피에 덮여 있던 귀두가 노출되면서 처음에는 음경이 따갑고 피가 묻기도 하기 때문이다. 한 번도 귀두가 세상으로 나온 적이 없었기 때문에 처음에는 정말 따갑다. 하지만 자연포경이 되고 귀두 피부가 튼튼해지면 따가움이 없어지고 괜찮아진다.

그럼 꼭 포경 수술을 받아야 하는 건 어떤 경우일까? 아이가 어릴 때 포피가 붓고 발적이 일어난다면 비뇨기과에서 치료를 받아야 한다. 자주 이런 현상이 발생한다면 염증이 있다는 것이기 때문에 포경 수술로 염증을 예방하는 것이 좋다.

음경은 아이가 성장하면서 조금씩 포피가 뒤로 젖혀지게 된다. 그런데 이런 현상이 전혀 보이지 않는 경우에는 성인이 되어서도 포피와 귀두가 붙어 있을 확률이 높기 때문에 포경 수술을 해야 한다. 그래서 아이가 어릴 때는 부모가 한 번씩 확인해야 한다. 확인할 때 아들에게 알려 주면서 나중에는 직접 확인하라고 말해 준다.

그럼 포경 수술을 하지 않은 경우에는 어떻게 관리해야 할까? 대부분 포경 수술을 하지 않았으면 깨끗이 씻으면 된다고 한다. 그래서 매일 씻는다. 거품도 많이 내면서 하루에 20번 넘게 씻는 사람도 있는데 너무 자주 씻으면 음경이 건조해지고 오히려 세균에 감염될 수도 있어서 음경의 피부 건강에는 나쁘다. 음경에 이물질이 많이 끼거나 냄새가 심할 때는 씻어야 하지만 너무 자주 씻으면 안 된다.

"씻기 싫은데 자꾸 이물질이 껴서 씻어야 해요."

이런 사람은 질환 때문일 수 있으니 비뇨기과에 가서 상담을 받는 게 좋다.

66

아들이 있는 부모들은
언제 포경 수술을 해야 할까에 대해 고민이다.
그런데 누구나 포경 수술을 할 필요는 없다.
하지 않아도 되는 경우도 많다.

99

4

아이의 자위를
대하는 방법

학창 시절에 내 친구가 겪은 일이다. 친구는 욕실에서 혼자 자위를 했다. 혼자만의 시간을 가질 수 있다고 좋아했다. 그런데 갑자기 노크도 없이 아빠가 들어왔다. 친구는 이미 자위를 하다가 사정을 한 상태였고 갑자기 들어온 아빠 때문에 정액이 몸에 묻었다. 그때 정액을 본 아빠가 아들에게 말했다.

"너 자위했니? 그걸 왜 하냐? 그리고 그거 뭐야? 하얀 거?"

친구가 말했다.

"어, 이거 보디로션이야."

그러면서 정액을 몸에 발랐다고 한다. 웃픈 이야기다.

이 이야기에서 핵심은 노크 없이 욕실에 들어간 아빠가 잘못했다는 것이다. 아들에게 사과를 하지 않은 것도 큰 잘못이다.

그런데 자위를 하는 아이에게 왜 화를 내는 것일까? 그럼 아이들은 자위를 하면 안 되는 걸까? "자위를 안 해 본 사람은 있을 수 있지만 자위를 한 번만 한 사람은 없다."는 말이 있을 정도로 자위는 자연스러운 것이다.

강의를 할 때 자위라는 단어를 이야기하면 부끄러워하는 학생도 있지만 대부분의 학생은 별로 부끄러워하지 않는다. 예전에 비해 더 진중하고 자세하게 물어보는 학생이 많아졌다. 부모들이 학교 다닐 때와 다르게 요즘 아이들은 확실히 성에 대해 개방적이다.

그럼 자위란 무엇일까? 자위는 자기 자신에게 성적 쾌감을 주기 위한 행동이다. 한마디로 '자기위로'라고 말할 수 있다. 힘들고 지칠 때 자기를 위로하는 것이라고 생각하면 된다. 종교가 있는 사람들은 신께 기도를 하고, 게임을 좋아하는 사람들은 게임을 하면서 자신을 충전시킨다.

이처럼 자위도 자신의 신체에 대해서 이해하고 관찰하는 과정이라고 보면 된다. 자위는 청소년뿐만 아니라 성인, 노인 등 어떤 연령대에서도 할 수 있다. 자위는 과연 몇 살에 하는 게 좋을까? 너무 일찍 시작해도 되는 걸까?

나는 자위에 대해서 강의할 때면 먼저 고백한다. 학생들이 꼭 물어보기 때문이다.

"선생님은 자위 언제 했어요?"

성교육을 하는 강사인데도 처음 이 질문을 받았을 때는 좀 창피했다. 그래서 학생들에게 먼저 질문을 하는 것보다 내가 먼저 말하는 게 학생들이 부담을 덜 가질 것 같아서 먼저 말한다.

솔직히 말하면 언제 했는지 기억이 나지 않아서 학창 시절에 썼던 일기장을 찾아보았다. 중학교 시절에 쓴 일기에 이런 글이 있었다.

"처음으로 나옴. 친구들이 말한 게 이거구나. 뭔가 기분이 좋으면서 다리에 힘이 풀린다."

"친구들이 꼭 휴지를 준비하라고 한 말을 알겠다. 투명한 나의 첫 정액, 반갑다."

일기를 보자 그때 기억이 났다. 나의 첫 자위는 그렇게 시작되었다. 이 글을 읽는 부모들도 첫 자위가 있었을 것이다. 그때 어떤 기분이었는지 생각해 보면 대부분 당황스러운 기억일 것이다. 우리 아이들도 처음으로 하는 자위는 그런 마음일 것이다. 그러니 혹시라도 아이가 자위를 하는지, 왜 하는지, 하면 안 된다는 식의 말은 절대로 하면 안 된다.

그 누구도 자기가 자위를 한다는 말을 알리고 싶어 하지 않는다. 왜냐하면 부끄럽기 때문이다. 아직 우리나라에서는 '성'이라는 단어 자체가 부끄러운 부분이 있다. 그리고 나만의 쾌락을 즐기는 자위에 대해서는 더욱 말하기 쉽지 않다.

부모들도 이런 대화를 어떻게 시작해야 할지 어려워하고 너무 부담스러우면 그냥 방임하기도 한다. 아이의 성교육은 같은 시선으로 공감해 주는 것이 중요하다. 부모가 공감해 준다면 아이는 부모에게 건강한 성을 배울 수 있다.

그럼 자위와 관련된 질문을 통해서 어떻게 성교육을 해야 할지 알아보자.

질문 1. 아이가 초등학생인데 벌써 자위를 해요.

자위는 정말 자연스러운 현상이고 과정이다. 자위를 일찍 시작한다고 해서 아이의 몸에 문제가 생기지는 않는다. 너무 일찍 한다고 걱정하지 말고 아이가 자연스럽게 자신의 신체와 성적 욕구에 대해 이해할 수 있도록 잘 설명해 주면 된다.

질문 2. 자위를 하고 있는 아이를 봤어요.

집에 갑자기 들어갔는데 아이가 자위를 하고 있다면 무척이나 당황스럽고 민망할 것이다. 이런 일이 발생하지 않는 게 가장 좋다. 부모가 받을 충격보다 아이가 받을 충격이 더 크기 때문이다. 일단 자리를 피하고 나중에 아이에게 사과해야 한다.

"미안해. 아빠가 갑자기 들어와서…. 미안하다. 잘못했어."

그리고 아무 일도 없는 것처럼 행동해야 한다. 그 일에 대해서 계속 이야기하거나 "왜 그러는 거니?"라고 물어보는 순간 아이는 부모와 거리를 두게 된다.

질문 3. 아이가 자위를 한다는 걸 알게 됐어요.

"아이가 방에 들어가서 문을 잠그고 나오지 않아요. 제 생각에는 혼자 자위를 하는 것 같아요. 결정적으로 휴지통을 비울 때 정액을 닦은 휴지가 나왔어요. 어떻게 해야 하나요?"

나의 대답은 아주 간단하다.

"그냥 지금처럼 모른 척하세요."

아이가 자위를 하는 걸 알았다면 부모가 해 줄 수 있는 건 모른 척하는 것이다. 이에 대해서는 성교육 강사들도 저마다 의견이 다르다. 어떤 강사는 자위를 하는 아들에게 "휴지보다 물티슈를 줘라. 수건을 줘라."고 하고, 어떤 강사는 "자위를 하면 좋지 않다."고 한다.

내 생각은 다르다. 자위는 절대로 잘못된 게 아니다. 그걸 왜 문제라고 생각하는 걸까? 자위를 한다고 물티슈를 주는 것도 이상하다. 부모가 나한테 자위하라고 물티슈를 준다면 너무 부끄럽지 않을까? 그래서 나는 강의할 때 아이가 자위를 한다면 모른 척하고, 집에서 자위를 하는 걸 봤다면 아이가 민망하지 않게 다시 집에서 나가라고 한다.

질문 4. 아이가 자위를 너무 많이 해요.

강의할 때 학생들에게 자위에 대해서 이야기하면 무조건 나오는 질문이 있다.

"자위를 하루에 몇 번 해야 하나요?"

이 질문이 나오면 모든 학생이 웃는다. 민망해서 웃는 건지, 정말 궁금해서 웃는 건지 모르지만….

나는 이렇게 대답한다.

"하루에 몇 번이 아니라 1주일에 3번 정도가 좋아."

"저는 하루에 10번 해 봤어요."라고 하는 학생도 있다. 그런데 하루에 10번이나 하는 건 자신의 음경에게 미안하지 않을까? 자위를 하느라 계속해서 음경을 만지게 되면 음경에 멍이 들 수도 있고 피부가 까질 수도 있을 것이다. 그리고 정액도 하루에 10번이나 나올까? 청소년뿐만 아니라 성인도 1주일에 3번 정도 하는 게 건강에 좋다고 한다. 모든 게 지나치면 좋지 않듯이 너무 많은 자위는 음경에 무리를 줄 수 있다. 적당히 즐기는 자위가 좋다.

아이가 자위에 너무 빠져서 하루 종일 자위만 한다면 자위보다 더 재미있는 걸 권해야 한다. 운동을 좋아하면 운동교실에 보내고, 게임을 좋아하면 게임을 하게 하는 식으로 아이가 좋아할 만한 취미를 만들어 주면 된다. 아이 입장에서는 자위만큼 즐거움을 느낄 수 있는 게 없기 때문에 자위에 집착했을 수 있다.

질문 5. 건강하게 자위하는 방법이 있나요?

자위를 하기 전에는 일단 손을 깨끗이 씻어야 한다. 더러운 손으로 자위를 하면 손에 있는 병균으로 인해 성병에 걸릴 수도 있기 때문이다. 우리는 화장실에 갈 때 소변을 본 다음에 손을 닦는데 이건 정말 잘못된 것이다. 손이 더러울까? 음경이 더러울까? 당연히 손이 더 더럽다. 그래서 소변을 보기 전에 화장실에서 손을 먼저 씻어야 한다.

혼자 사는 성인의 경우에는 자기만의 공간이 있어서 자유롭게 자위를 할 수 있지만 청소년은 집에 가족들이 있어서 자위를 할 수 있는 공간이 많지 않다. 아이의 방이 있어도 부모가 들어올까 봐 마음 편하게 자위를 하지 못할 수 있다. 아이가 샤워를 오랫동안 할 경우 빨리 나오라고 하지 마라. 모두 그런 건 아니지만 샤워할 때 자위를 하는 경우가 많다. 이건 건강한 자위 방법 중 하나이다.

질문 6. 아이가 음란물을 보면서 자위를 해요.

성인은 음란물을 보면서 자위하는 경우가 많다. 그런데 아이가 음란물을 보면서 자위를 한다면 어떻게 해야 할까? 이건 아이에게 안 된다고 말해야 한다. 일단 아이는 미성년자이기 때문에 음란물을 보면 안 된다. 그런데 이런 말을 한다고 아이가 음란물을 보면서 하는 자위를 멈출까? 아마도 여전히 음란물을 보면서 자위를 할 것이다. 이때는 이렇게 말해 준다.

"음란물을 보면서 자위를 하면 조루에 걸릴 수 있어."

그럼 아이가 깜짝 놀란다. 조루가 뭔지 모르기 때문이다. 조루는 성행위에서 만족을 얻지 못할 정도로 빠르게 사정하는 것을 말한다. 그래서 성관계를 할 때 너무 금방 끝나게 된다.

자위를 할 때 음란물을 보면서 하는 게 잘못은 아니다. 여기서 문제가 되는 건 음란물을 보며 자위를 하다 보면 더 자극적인 음란물을 찾게 되고, 음란물이 없으면 자위가 안 되는 경우도 있다. 그래서 음란물에 의존하는 것보다 상상으로 자위를 하는 게 좋다.

조루를 예방하려면 자위를 할 때 마음이 편해야 한다. 자위를 빨리 끝내려는 생각으로 자위를 하면 나중에 습관성 조루가 될 수 있다. 조루를 예방하려면 자위를 하다가 사정을 하기 직전에 잠시 멈추고, 또 자위를 해서 사정을 하기 직전에 멈추는 식으로 훈련을 하는 게 좋다.

질문 7. 여자도 자위를 해도 되나요?

이 질문은 내가 대답하는 게 좀 부담스럽다. 내가 남자여서 여자도 자위를 하는지 알 수가 없기 때문이다. 그래서 이 질문을 산부인과 선생님에게 물어보았다. 의사 선생님들마다 생각이 다르지만, 결론은 여자도 자위를 할 수 있다는 것이다.

외국에서는 여자가 자위를 하는 게 부끄러운 일이 아니다. 자위를 하면 이상한 사람으로 취급받을 것 같지만 생각보다 많은 여자가 자위를 한다고 한다. 자위를 한다고 죄책감을 가지면 절대 안 된다. 남자가 자위를 하듯이 여자도 자위를 하는 건 아주 자연스러운 현상이다. 여자가 자위를 할 때도 마찬가지로 깨끗이 씻고 병균에 감염되지 않게 청결하게 해야 한다.

질문 8. 유치원에 다니는 아이가 자기의 음경을 만지며 자위 같은 걸 해요.

한 어머니가 이 질문을 하면서 울먹였다. 너무 어린 아이가 자위를 할 때는 어떻게 해야 할까? 이때도 자연스러운 현상이니까 그냥 모른 척하는 게 맞을까? 절대 아니다. 아이가 너무 어린 나이에 자위를 하는 현상을 보인다면 안 된다는 신호를 보내 주어야 한다.

신생아 : 태어난 지 1년이 되지 않은 아이가 자신의 음경이나 음순을 만지는 경우가 있다. 왜 만질까? 이는 아이가 자기 몸을 만지면서 촉감 놀이는 하는

것이다. 어린아이는 촉감에 예민하므로 어릴 때는 많이 안아 주는 게 좋다. 신생아가 자신의 음경이나 음순을 가끔 만지는 건 괜찮다. 하지만 너무 심하게 만지거나 상처가 날 정도로 만지면 만지지 못하게 해야 한다.

10살까지 : 아이가 유치원을 다니거나 초등학교 저학년일 때 자신의 음경이나 음순을 테이블이나 의자에 비비는 행위를 하는 경우가 있다. 혹은 부모의 무릎에 앉아서 비비기도 한다. 이때는 혼내지 말고 다른 것으로 관심을 돌려야 한다. 아이가 자위 행위를 하는 것 같으면 인형이나 장난감으로 시선을 돌리거나 아이와 함께 놀이를 해 준다. 그래도 같은 행위를 한다면 아이의 눈높이에 맞춰 이야기해 준다.

"그곳은 우리 몸에서 가장 예민한 곳이야. 그래서 조그마한 충격으로도 상처가 생길 수 있어. 그리고 손으로 만지면 병균이 들어갈 수도 있으니 조심히 만져야 해."

"그곳은 음경, 음순이라는 곳인데 거기는 나만 만질 수 있어. 정말 소중하게 여겨야 하고 다른 사람들에게 보여 주면 안 되거든. 그래서 내가 음경, 음순을 막 만지는 모습을 보여 주면 안 돼. 그건 부끄러운 행동이야. 다음부터는 그러지 말자."

66

'자위를 하면 나쁜 행동이고
자위를 하는 게 부끄럽다.'라고 생각하는가?
그렇다면 부모부터 생각을 바꿔야 한다.
자위는 자기위로이기 때문이다.

99

5

아이의 성욕을
대하는 방법

청소년기가 되면 성에 대해서 호기심 생기고, 야동을 보면서 '나도 해 보고 싶다.'라는 생각을 하게 된다. 그래서 이성 친구를 만나게 되고 자연스럽게 스킨십도 하게 된다. 여기에서 정말 중요한 건 성욕에 대한 생각이다.

"성욕이 있는 게 나쁜가요? 성욕이 없는 게 좋은 건가요?"

성욕이 있다고 하면 부정적으로 생각하는 경우가 많다.

"저 사람 성욕이 있대. 욕정의 노예야."

"성욕이 있는 사람은 불결해."

하지만 성욕은 아주 자연스러운 현상이다. 누구에게나 성욕이 있다. 만약 성욕이 없다면 그것도 문제이다. 중요한 것은 성욕이 있고 없고를 떠나서 성욕을 해소하는 방법이다. 동의와 존중이 없는 성욕은 범죄이고 절대 하면 안 된다는 걸 어릴 때부터 알려 주어야 한다.

성욕이 있다고 해서 이상하게 생각하지 말고 성욕을 스스로 통제하는 방법을 아이들에게 알려 주어야 한다. 상대의 허락 없이 신체를 만지면 안 되고, 동의가 없다면 아무리 내가 뽀뽀를 하고 싶어도 참아야 하는 식으로 성욕을 통제하는 방법을 알려 주어야 한다.

성교육 강의를 할 때 한 학생이 이런 질문을 했다.

"이성 친구를 만나서 어느 정도 지나면 섹스를 해도 되나요?"

요즘 아이들은 정말 자유롭다. 자기의 생각을 그대로 질문한다. 나는 이런 질문을 받고 당황스러웠다. 이 문제에 정답은 없다. 사귀게 되면 1일 차에는 손 잡기, 5일 차에는 팔짱 끼기, 10일 차에는 뽀뽀, 20일이 되면 키스, 이런 식으로 정리된 교과서가 있지도 않고 법으로도 정해져 있지 않다.

하지만 내가 상대방을 정말 많이 사랑하기 때문에 상대방과 성관계를 할 수 있다는 착각은 하지 말아야 한다. 사랑하기 때문에 성관계를 하는 게 아니라 서로 성관계 이후에도 책임을 질 수 있다는 판단이 들 때 비로소 성관계를 하는 게 좋다. 서로를 책임질 수 있다는 자체가 서로를 정말 이해하고 사랑한다는 증거이다.

성관계를 하면 아이가 생길 가능성이 있기 때문에 아무런 준비도 없이 사랑만으로 성관계를 하는 건 안 된다는 걸 아이들에게 말해 주어야 한다. 무조건 어른이 될 때까지는 절대 성관계를 하지 말라고 하는 게 답이 아니다. 그런 이야기를 들으면 부모가 보수적이라고 생각해서 이후로는 부모에게 성에 대해서 이야기를 하지 않게 된다. 실제로 학생들과 상담을 해 보면 부모의 보수적인 태도 때문에 이성 교제나 성에 대해서 부모와는 절대 이야기를 하지 않는다고 한다.

아이와 대화를 나눌 때 성관계를 해도 되냐 아니냐가 중요한 게 아니라 성관계를 했을 때 어떤 상황을 겪게 되는지를 현실적으로 생각해 보라고 하는 게 좋다. 아이가 지금 만나는 이성 친구에 대한 믿음, 그리고 학생 신분인 아이가 성관계를 했을 때 어떤 상황을 겪게 될지, 상대에 대해서 얼마나 신뢰하고, 얼마나 사귈 수 있는지 등을 생각해 보라고 한다. 만약 원하지 않는 임신이 됐을 경우 어떻게 해결할지를 가장 중요하게 생각해 보라고 한다.

성욕은 자연스러운 현상이고 청소년기에는 누구나 성관계에 대해 호기심이 있다. 단순히 부정적으로 교육하는 것보다 현실적인 이야기를 해 주는 게 도움이 된다. 내 아이가 성관계를 하면 안 되는 게 아니라 성관계를 하고 나서 아이의 삶이 어떻게 되는지를 알게 해 주는 것이 필요하다.

66

사귀게 되면 며칠 만에 뽀뽀를 해야 하는 걸까?
사랑하면 무조건 성관계를 해야 하는 걸까?

99

6

아들의 발기를
대하는 방법

아들을 키우는 어머니들은 꼭 이런 질문을 한다.

"아들이 발기가 되어 있을 때 어떻게 해야 해요?"

그러면 웃으면서 이렇게 말해 준다.

"음경이 발기가 되면 작아지라고 하면 되죠?"

그 말을 들으면 어머니들도 웃으면서 말한다.

"아들한테 말하기 민망해요. 그리고 말해도 애기여서 할 줄 모르더라고요."

여기서 알아야 할 게 있다. 애기여서 발기된 상태에서 작아지지 못하는 게 아니다. 어른이 되어도 마음대로 발기를 조절할 수 없다.

일단 발기가 무엇인지 알아보자. 대부분 음경이 커지는 걸 발기라고 알고 있는데 정확하게 말하면 '발기란 음경 내 해면체에 혈류가 증가해서 생기는 현상'이다. 중요한 건 발기는 의지대로 조절할 수 없다는 것이다. 신경 자체가 다르기 때문에 절대로 발기를 내 마음대로 커지게 하거나 작아지게 할 수가 없다.

일반적으로 야한 영상을 보거나 야한 상상을 하면 발기가 되지만, 운동을 하다가 음경에 자극을 받거나 친구들과 놀다가 발기되기도 한다. 아침에 일어났을 때도 발기되어 있다. 심지어 아무런 이유 없이 발기가 되는 경우도 있다. 특히 청소년기에는 호르몬이 왔다 갔다 해서 자기도 모르게 발기가 되는 경우가 있다. 이건 자연스러운 현상이니까 엄마들이 너무 놀라면 안 된다.

아들의 음경이 발기된 걸 보게 된다면 그냥 모른 척 넘어가야 한다. 그런데 이걸 굳이 얘기하는 엄마들도 있다. 그러면 아들 입장에서는 수치심이 들기도 하고, 엄마 앞에서 괜히 더 조심하게 되어서 엄마가 불편해지기도 한다.

발기는 내 의지가 아니라 육체적으로, 정신적으로 자극이 있어야 일어난다. 대뇌, 척수에 있는 발기 중추신경에 전달이 되어야 된다. 절대로 내 생각대로 되는 게 아니다. 간혹 이렇게 말하는 사람들도 있다.

"발기를 멈추게 하든가 음경을 작아지게 하는 방법이 있지 않은가요?"

가장 많이 나오는 방법이 바로 '애국가'를 부르는 것이다. 그런데 정말 애국가를 부르면 될까? 효과는 있겠지만 애국가 때문에 작아지는 게 아니라 시간이 지나면서 자연스럽게 작아지는 것이다. 한 학생이 발기됐을 때 작아지게 하는 방법을 알려 주었다.

"저는 뽀로로를 생각해요. 그럼 작아져요."

동심의 세계로 가게 되면 작아질 수 있을까? 이것도 시간이 지나면 작아지는 것이지 동심으로 떠난다고 해서 작아지는 것이 아니다.

충격적인 사실은 남자뿐만 아니라 여자도 발기가 된다는 것이다. 바로 클리토리스다. 음핵이라고 하는데 여자의 생식기 질과 요도 위에 위치해 있다. 이곳은 여성의 발기 기관으로 성적으로 흥분한 상태가 되면 크기가 커지고 딱딱해진다. 발기되면 음핵에서 사정액과 유사한 액체도 분출된다. 여자 몸의 안쪽에 위치에 있어서 남자처럼 발기된 게 보이지 않을 뿐이다.

남자뿐만 아니라 여자도 발기를 한다는 사실을 알려 주는 것도 성교육이다. 가끔 여학생들 중에서도 상담할 때 이런 고민을 이야기하는 경우가 있다.

"야한 생각을 하면 나도 모르게 음순에서 액체가 나오는데 잘못된 것 아닌가요?"

성교육을 받지 못한 아이들은 이런 현상이 나타나면 정말 당황한다. 그래서 부모가 미리 자연스러운 현상이고 그럴 수 있다고 말해 주어야 한다. 마찬가지로 남자들도 야한 생각을 하다가 발기가 되고 음경에서 액체가 나오는 경우가 있다. 쿠퍼액이 나온 것이다. 이것도 역시 잘못된 게 아니다.

부모가 이런 이야기를 해 준다는 게 민망하고 부끄러울 수 있다.

나도 우리 아이들에게 이런 이야기를 하는 게 쉽지 않다. 학교 성교육 시간에 이런 교육을 해 주면 좋을 텐데 이 정도로 디테일하고 깊이 있는 설명을 해 주기는 쉽지 않다.

성교육은 야한 게 아니다. 흔히 말하는 성인물도 아니고 음란물도 아니다. 우리 아이가 크면서 꼭 알아야 하는 필수 교육이다. 아이는 이걸 알아야 어른이 될 수 있다. 아무런 준비 없이 어른이 되면 혼자 당황하고 고민할 수 있다. 아이 입장에서는 부모에게 배우는 성교육이 더 오래 가고 깊이 있다고 생각할 것이다. 힘들어도 발기에 대해서 이야기해 주는 부모가 되길 바란다.

"

아무런 준비 없이 어른이 되면
혼자 당황하고 고민할 수 있다.
성교육은 야한 게 아니다.
흔히 말하는 성인물도 아니고 음란물도 아니다.

"

7

야동을 보는
아이를 대하는 방법

아이가 야동을 보는 걸 목격하게 된다면 어떻게 해야 할까? 아이가 성장하면 이런 것에 대해 생각해 본 적이 있을 것이다. 만약 이런 상황이 된다면 대부분의 부모는 이렇게 반응한다.

"너, 지금 뭐 보는 거야? 보지 마."

"어린놈이 왜 이런 걸 봐."

"너, 이거 어떻게 해서 보는 거야? 누가 보여 줬어?"

강의를 할 때 부모들에게 물어보았다.

"만약 아이가 야동을 보고 있다면 어떻게 하실 거예요?"

대부분의 부모는 아이에게 훈계를 하면서 혼내는 경우가 많았다.

그래서 물어보았다.

"왜 혼을 내세요?"

부모들은 이렇게 말했다.

"아직 어리잖아요. 어른이 되고 나서 봐야죠."

맞는 말이다. 미성년자가 볼 수 없는 영상이 있다. 그걸 보면 안 된다고 법으로 정해져 있다.

그래서 다시 부모들에게 물어보았다.

"학창 시절에 미성년자 관람불가인 영상을 한 번도 본 적 없는 분 손 드세요."

아무도 손을 들지 못했다. 가끔 손을 드는 사람이 있지만 정말 극소수이다.

"자, 그럼 한 번만 본 분 손 드세요."

3~5명 정도 손을 들었다. 야한 영상을 딱 한 번만 봤다니 정말 대단한 사람들이다.

나도 학창 시절에 집에서 야한 영상을 보다가 아버지한테 걸린 적이 있다. 아버지는 내 책상 서랍에 있는 비디오테이프를 보고서는 화를 내면서 말했다.

"아들아, 정말 실망이다. 아빠는 네가 공부 안 하고 이런 영상을 보는 줄 몰랐다. 실망이다."

나는 아버지에게 울면서 빌었고 다시는 보지 않겠다고 약속했다. 그리고 1주일 동안 자숙하면서 열심히 공부를 했다. 그러던 어느 날 아버지가 갑자기 내 책상을 뒤졌다. 나는 아버지가 나를 의심하는 것 같아서 서운했다. 그때 아버지가 말했다.

"아들아, 그 비디오 어디에 있니? 요즘 볼 게 없어서 아빠가 한 번 보자."

우리 아버지는 정말 긍정적인 분이시다. 재미있는 아버지 덕분에 웃었지만 사실 그 시절의 나는 야한 영상을 보면 안 되는 나이였다.

최근에 야동에 관련해서 재미있는 이야기를 들은 적이 있다. 괜찮은 야동을 가지고 있던 학생이 친구들에게 보내 주려고 컴퓨터 메신저에 접속을 했다. 접속을 하니 딱 한 명의 친구가 연결돼 있었다. 그래서 그 친구에게 메신저를 보냈다.

"이 야동, 유명한 배우가 나오는 거야. 재미있게 봐라."

그런데 그냥 야동 파일을 보내면 재미없을 것 같아서 친구에게 이런 조건을 달았다.

"야동 보고 싶으면 형님이라고 해 봐."

그 친구는 메신저로 '형님'이라고 보냈다. 그러자 또 요구했다.

"야동 보고 싶으면 '세상에서 제일 존경하는 형님'이라고 해 봐."

그 친구는 역시 메신저로 '세상에서 제일 존경하는 형님'이라고 보냈다. 그러자 또 요구했다.

"야동 보고 싶으면 개처럼 짖어 봐."

그런데 그때 그 친구에게서 전화가 왔다. 친구가 말했다.

"너, 지금 농구 하고 싶으면 농구공 가지고 운동장으로 나와."

메신저를 하고 있는 친구가 왜 운동장에 있는 건가 해서 물어보니 그 친구가 말했다.

"우리 아빠가 지금 내 아이디로 고스톱 하고 있는데?"

아뿔싸. 지금까지 메신저로 대화한 사람은 바로 친구 아빠였던 것이다. 너무 당황하고 있을 때 메신저가 왔다.

"멍멍멍."

그 학생은 친구 아빠에게 야동을 보내주었다고 한다.

이처럼 어른이 되어도 야동을 보는 사람이 있다. 어른들도 야동을 보는데 청소년들은 얼마나 야동이 보고 싶을까?

부모들은 내 아이가 야한 영상을 보면 일단 화를 내고 혼내는 경우가 많다. 그런데 화를 내면 절대 안 된다. 청소년 시기에는 성에 대해서 아직 부끄러운 부분이 있다. 호기심이 많은 시기에 야한 동영상을 봤다는 이유로 부모가 화를 낸다면 아이는 더 이상 성에 대해서 부모와 대화를 하지 않을 것이다. 그럼 아이가 야한 영상을 봤다면 어떻게 해야 할까?

아이가 야한 영상을 봤다고 부모에게 말하는 경우

아이가 야한 영상을 봤다고 부모에게 말을 한다면 정말 부모와 소통을 잘하고 있는 것이다. 부모가 평소에 아이의 말에 공감해 주고 리액션해 준다면 아이들은 학교에서 있었던 일, 친구하고 놀았던 일, 야한 영상을 봤던 일 등 자기가 겪은 일들을 부모에게 이야기해 줄 것이다. 그래서 아이들이 집에 오면 핸드폰이나 텔레비전을 보지 말고 아이들의 말을 들어 주고 공감해 주는 부모가 되는 게 정말 중요하다.

아이가 별일 아닌 듯 부모에게 말한다.

"엄마, 나 야한 영상 봤어."

이때 절대로 당황하지 말고 일단 이렇게 말해 준다.

"엄마한테 이야기해 줘서 고마워. 그 영상 보고 많이 놀랐지? 아마 많이 놀랐을 거야."

화를 내지 말고 꼭 "놀랐을 거야."라고 말해 줘야 한다. 아이들이 난생 처음 야한 동영상을 봤을 때 '오~~~~화끈한데!', '야~~~~좋다 좋아!', '역시 외국 사람들은 다르네!'라는 생각을 했을까? 어른들이 옷을 벗고 서로 레슬링을 하면서 뽀뽀하는 장면을 처음 본 아이들은 대부분 놀라고 충격을 받았을 것이다. 나 역시 처음 야한 영상을 봤을 때 정말 충격을 받았다. 외국 사람들이 소리를 내면서 레슬링을 하는데 너무 징그럽고 토할 것 같았다.

야한 영상을 처음 본 아이가 부모에게 이야기하면 아이를 혼내지 말고 위로해 주어야 한다. "너무 충격적이지?", "너무 놀랐지?"라고 해 주는 게 좋다. 그리고 아이에게 야한 영상에 대해서 잘 설명해 주어야 한다.

첫째, "네가 본 야한 영상은 학생들이 보면 안 되는 영상이야. 성인이 되고 나서 볼 수 있는 영상이니까 절대 보면 안 돼."

둘째, "네가 본 영상은 연출된 영상이야. 그래서 말 그대로 배우들이 연기를 하는 거야. 실제로는 일어날 수 없는 일이야. 그래서 절대로 따라 하면 안 되는 거야."

대부분의 에로 영상이나 야한 영상은 서로 사랑하는 사이인지에 대한 설명 없이 바로 성관계를 하는 경우가 많다. 그래서 이건 연기를 하는 거고 연출된 영상이라는 걸 꼭 알려 주어야 한다.

성교육을 받지 못한 아이들의 경우 이런 야한 영상을 보고 따라 하기도 한다. 성폭력으로 처벌받은 아이들 대부분이 영상을 보고 실천한 적이 있었다. 야한 영상뿐만 아니라 텔레비전에 나오는 영화나 드라마도 아이들이 보고 따라 하는 경우가 있다. 그래서 부모가 아이와 함께 영화나 드라마를 볼 때 그 장면들은 연출된 영상이며 현실과는 많이 다르다는 말을 꼭 해 주어야 한다.

우리 아들이 어릴 때 마동석이 나오는 영화를 우연하게 본 적이 있다. 그 무렵 화장실 문이 잠겨서 내가 문을 열려고 했는데 열리지 않았다. 그때 아들이 이런 말을 했다.

"아빠가 발로 차면 문이 열려야 하잖아. 왜 못 열어? 영화에 나오는 그 아저씨는 발로 열었는데?"

정말 황당했다. 그래서 그때부터 아이에게 영상에 나오는 건 현실과 다르다는 걸 알려 주었다.

"우리 아들, 어벤져스 영화 본 적 있지? 거기에서 타노스가 손바닥을 치면 사람들이 다 죽잖아. 실제로는 손바닥을 쳐도 아무도 죽지 않아. 그래서 저건 영화인 거야. 현실하고는 다른 거야."

우리 아들은 어릴 때부터 텔레비전이나 유튜브를 볼 때마다 알려 주어서 영상을 볼 때 현실과 다른 걸 알고 있다.

셋째, 합법적인 영상이 아닌 불법 영상을 봤을 때(흔히 말하는 몰래카메라), 이건 아이뿐만 아니라 어른들도 보면 안 되는 영상이고 영상을 보는 것만으로 처벌받을 수 있다고 알려 주어야 한다.

우리가 말하는 몰카 영상은 영상에 나오는 사람의 동의를 받지 않고 몰래 촬영한 것이다. 말 그대로 불법 영상이다. 불법 영상인 걸 알고 본다면 영상을 보는 것 자체만으로 처벌된다. 이 영상을 다른 사람에게 보내면 더 큰 처벌을 받게 된다. 단 무슨 영상인지 모르고 본 경우에는 처벌되지 않는다. 그래서 누군가가 보낸 동영상을 받았을 때 이상한 느낌이 든다면 절대 보지 않는 게 좋다.

안타까운 일이지만 동의를 받지 않고 몰래 카메라에 찍힌 피해자들 대부분이 극단적인 선택을 한다. 자기도 모르게 찍힌 자신의 모습에 고통스러워하다가 사회 활동도 하지 못하고 집에만 있다가 우울증으로 힘들어하는 피해자가 많다. 결과적으로 그 불법 영상을 본 모든 사람이 가해자가 되는 것이다. 가해자가 되지 않으려면 누군가가 불법 영상을 공유했을 때 보지 말고 다시는 이런 걸 보내지 말라고 말해야 한다.

우리 아이는 어떻게 야동을 보게 된 걸까?

뽀로로만 보던 우리 아이가 언제부터 포르노를 보게 되었을까? 정말 궁금해서 아이들에게 물어보았다. 대부분의 아이는 스마트폰을 사용하게 되면서 자연스럽게 음란한 영상에 노출되었다.

'내가 좋아하는 연예인을 검색하다가 옆에 뜬 야한 광고를 보게 된다.'

'그 광고를 클릭하면 이상한 도박 사이트가 나온다.'

'그 사이트에서는 불법 영상, 야한 영상을 무료로 볼 수 있다.'

'호기심에 그 사이트를 친구들에게 공유한다.'

이런 식으로 아이들은 부모들의 학창 시절과 다르게 모든 걸 스마트폰에서 경험하게 된다. 자기도 모르게 자연스럽게 검색하다가 보는 경우가 제일 많다. 그리고 친구가 알려 주어서 보게 되는 경우도 있다.

또 아이들이 좋아하는 아이돌 노래를 듣기 위해, 웹툰을 보기 위해서 검색하다가 불법 사이트를 보게 되는 경우도 있다. 불법 사이트 대부분이 무료로 볼 수 있기 때문이다. 공짜로 노래 듣고 웹툰 보면 괜찮은 거 아닐까 생각할 수도 있다. 하지만 그 불법 사이트에는 미성년자가 볼 수 없는 성인용 웹툰도 많다. 아이들이 무료라서 이것저것 보게 되면 음란물에 노출될 수 있다. 아이돌 노래나 영상을 보고 싶어서 사이트에 왔다가 좋아하는 아이돌 이름만 보고 클릭한 영상에서 음란한 영상이 나오는 경우도 있다.

그래서 아이들이 웹툰을 보고 싶다거나 음악을 듣고 싶다고 하면 합법적인 곳에서 돈을 내고 보게 해 주어야 한다. 돈을 내고 보는 사이트는 청소년들을 위해서 심의를 거친 웹툰이나 영상을 제공하기 때문에 안심할 수 있다.

우리 아들은 프로야구를 좋아하는데 인터넷으로 보는 야구 중계는 돈을 내고 봐야 한다. 그 비용이 아까워서 도박 사이트에서 무료로 제공하는 야구 중계를 아들에게 보여 주곤 했다. 그런데 몇 달 후 아들의 이야기를 듣고 정말 많이 후회했다.

아들이 나에게 말했다.

"아빠, 야구 인터넷으로 봐도 되지? 그런데 아빠는 왜 야구 보면서 돈 안 걸어?"

그 사이트에서는 야구를 보면서 실시간 채팅을 할 수 있는데 아들이 그 채팅을 보고 야구를 볼 때는 돈을 걸고 봐야 하는 것이라고 생각한 것이었다. 1개월에 인터넷 비용 5,000원 아끼려다가 아들에게 나쁜 걸 알려 주어서 너무 미안했다.

그렇다면 아이에게 스마트폰을 못 쓰게 하면 되지 않을까? 스마트폰이 없으면 음란물을 볼 확률은 낮지만 아이가 중학생이 되고 고등학생이 될 때까지 아이에게 스마트폰을 주지 않을 수 있을까? 현실적으로 힘든 일이다. 부모가 아이 옆을 계속 지키면서 음란물을 못 보게 할 수는 없지 않은가?

'스마트폰에 락을 걸어 놓으면 아이들이 볼 수 없지 않을까?'라고 생각하는 부모들이 있다. 실제로 대부분의 아이들 스마트폰에는 락이 걸려 있다. 그래서 부모들이 안심하지만 안심하면 안 된다. 검색창에 '스마트폰 락 해제하는 방법'이라고 치면 누구나 쉽게 락을 풀 수 있다. '락을 강하게 걸어 놓으면 되는 거 아니냐?'라는 부모들이 있는데 우리나라는 IT 국가이다. 어떤 락도 다 풀 수 있는 방법이 있다. 그걸 자랑하고 싶어서 블로그나 유튜브에 올려놓는다. 그리고 가까운 곳에 '락 풀어 주는 친구', '락 푸는 아는 선배'들이 존재한다.

그러면 결국 우리 아이들은 음란물을 볼 수밖에 없는 걸까? 무척 실망스러운 말이지만 언젠가는, 누구나 한 번쯤은 음란물을 보게 된다. 이것은 아주 자연스러운 현상이다. 음란물을 봤다고 잘못된 게 아니다. 부모들이 해야 할 역할은 아이가 음란물을 봤을 때 아이 스스로 판단할 수 있게 도와주는 것이다. 성교육을 통해 미리 예방주사를 맞히면 아이가 음란물을 봤을 때 이렇게 말할 수 있다.

"어, 이건 현실에서 있을 수 없는 일이야."

"이건 연기고, 다 주작이야."

"이건 불법 영상이네. 신고해야겠다."

아이가 음란물에 중독되었다면 어떻게 해야 할까?

아이가 음란물에 중독된 걸 알게 되면 부모로서는 정말 절망스러울 것이다. 아이에게 어떻게 해야 할지 몰라 말하기 힘들 수 있다. 하지만 용기를 내서 아이에게 올바른 성교육을 해야 한다. 일단 화를 내면 안 된다. 화를 내는 순간 아이는 점점 더 몰래 보게 될 수 있기 때문이다. 먼저 아이와 단둘이 이야기하는 것을 권한다. 잔소리처럼 들리지 않게 아이에게 공감하면서 말해 준다.

"음란한 영상 보는 것은 자연스러운 현상이야. 너도 처음에 우연하게 보게 되었지? 처음 보고 무척 놀랐지? 아빠도 처음 야한 영상을 봤을 때 정말 놀랐어. 충격을 먹어서 1주일 넘게 토하기도 했어. 너는 어땠니?"

이런 식으로 아이에게 접근하는 게 좋다. 그리고 아이의 이야기를 들어 주고 영상 내용이 현실하고 다르다는 것, 불법 영상은 보는 것만으로도 범죄라는 사실, 미성년자는 법적으로 볼 수 없다는 사실도 알려 준다. 마지막으로 불법 사이트에서 보면 나중에 아이디가 해킹당할 수 있으니 그런 사이트에서 보지 말고, 혹시라도 보게 된다면 사람들이 없는 곳에서 보라고 이야기해 준다. 음란 영상에 빠져서 충동적으로 실천하고 영상에서처럼 자기 몸을 찍어서 보여 주는 행위는 범죄이니 절대로 하면 안 된다는 것도 알려 주어야 한다.

실제로 음란물에 빠졌다가 다시 돌아온 학생의 사례가 도움이 될 것이다.

사례

남자 중학생의 이야기이다. 부모가 맞벌이여서 아이는 집에 혼자 있는 시간이 많았다. 유튜브 쇼츠를 자주 보게 되었는데, 쇼츠는 중독성이 강해서 부모님이 돌아올 때까지 밤늦도록 보게 되었다.

쇼츠를 보는데 갑자기 음란한 영상이 나올 때가 있었다. '나이트클럽 술 취한 여자손님'이라는 영상을 보게 되었는데, 그걸 몇 번 연속해서 보니 알고리즘이 바뀌어서 그런 영상만 올라오기 시작했다. 아이는 점점 음란한 영상에 빠지게 되었고, 고등학생이 되고 나서도 음란물을 시청했다. 부모님은 아들이 음란물에 빠졌다고 나한테 이야기하면서 눈물을 흘렸다.

대부분의 아이가 쇼츠 같은 짧은 영상에 빠지는 이유는 심심해서이다. 그 영상보다 더 흥미 있는 무언가가 있으면 자연스럽게 음란물에서 빠져 나올 거라고 조언해 주었다. 부모는 아이와 함께 여행도 다니고 아이가 좋아하는 걸 자주 하게 해 주었다. 아이는 영상보다 가족들하고 시간을 점점 더 많이 보내게 되면서 음란물에서 빠져나왔다고 했다.

물론 그 아이가 이후에 음란 영상을 아예 보지 않았을 거라고 는 생각하지 않는다. 하지만 부모의 관심과 노력이 없었다면 그 아이는 더 심하게 음란 영상에 빠지지 않았을까? 아이의 성교육 을 부모가 꼭 해야 하는 이유이다.

야동 보는 것을 현장에서 들켰는데도 거짓말을 하는 아이가 있었 다. 아이는 집에 아무도 없어서 컴퓨터를 켜고 야동을 보고 있었다. 그 런데 영상 첫 장면을 엄마가 보게 되었다. 엄마가 모니터를 보고 있는 데, 아들은 너무 당황해서 말했다.

"엄마, 나 지금 일본 친구하고 화상 채팅하고 있어."

야동의 도입부라 여자배우가 자기를 소개하는 부분이어서 엄마가 속아 넘어갔다. 엄마는 말했다.

"아, 화상 채팅? 우리 아들이 일본 친구도 있고 신기하다."

아들은 바로 정지 화면을 눌렀다.

"지금 통신 상태가 안 좋네. 엄마, 화상 채팅은 다음에 해야겠다."

그때 엄마가 말했다.

"어머, 참 착하게 생겼다. 뭐하는 사람이니?"

아들은 말했다.

"봉사 같은 거 해 주는 사람이야. 외롭고 힘들 사람에게 힘내라고 응원해 주는 사람이야."

그러자 엄마는 나가면서 말했다.

"생긴 것처럼 참 좋은 사람이구나."

며칠 뒤 엄마가 아들에게 말했다.

"아들, 저번에 화상 채팅했던 그 일본인 여자 있잖아. 너랑 진지한
사이니?"

아들은 당황해하며 왜 그러냐고 물어보았다.

"아니, 네 동생도 그 일본 여자하고 화상 채팅하는 것 같아서⋯."

황당한 이야기이지만 아이가 야동을 보는데 거짓말을 한다면 부
모 입장에서 어떻게 해야 할지 고민될 것이다. 여기에 나오는 엄마처
럼 정말 화상 채팅이라고 생각할까? 아마 부모들은 다 알고 있을 것이
다. 그래서 속아 주었을 거라고 생각한다.

아이가 야동 보는 걸 알게 되면 혼내지 말고 일단 모른 척 넘어가
는 것이 나중을 위해서 좋은 방법이다. 그리고 천천히 야동에 대해서
성교육을 해 준다. 여기서 핵심은 아이의 마음이 다치지 않게, 성에 대
해서 수치심이 들지 않게 가르쳐 주는 것이다.

66

부모가 아무리 노력해도 아이들은 야동을 본다.
야동 보는 걸 막을 수 없다면
아이들에게 미디어 예방주사를 맞혀야 한다.

99

8

야동에 중독된
아이를 대하는 방법

"야동을 한 번도 안 본 사람은 있어도 한 번만 본 사람은 없다."는 말이 있다. 학창 시절에 야동을 처음 보고 충격을 받지만 호기심에 또 보게 된다. 그리고 야동에 빠지게 된다. 그래도 착한 아이들은 야동을 보면 안 되니까 영상 파일을 삭제하기도 한다. 하지만 시간이 지나고 영상 파일을 다시 복구해서 본다. 이런 일들이 반복되다가 결국 야동에 빠지게 되는 경우가 많다.

아이들은 음란한 영상을 보지 않을 수 없는 사회에 있다. 좋아하는 웹툰을 보는데 그 옆에 이상한 음란 광고가 있고, 그걸 클릭하고, 또 다른 광고도 클릭하다 보면 자기도 모르게 불법 사이트에서 야동을 보게 되는 것이다. 스마트폰을 써 본 사람들이라면 모두 공감할 수 있는 이야기다.

요즘은 OTT 시장이 커져서 수위가 높은 영상이 나올 때가 있다. 내가 어릴 때는 뽀뽀하는 장면만 나와도 아버지가 갑자기 기침을 하면서 호통을 치셨다.

"세상 말세다. 가족이 보는 텔레비전에 저런 장면이 나오네. 너희는 얼른 들어가서 공부나 해."

요즘 청소년들은 텔레비전에서 수위가 높은 장면이 나오면 부모의 눈치를 보기도 하지만 대개는 아무렇지 않게 시청한다. 그만큼 부모들의 어린 시절과는 많이 다르다.

대부분의 부모는 아이가 야동 보는 걸 눈치 챌 수 있다. 왜냐하면 안 하던 행동을 하기 때문이다. 예전에는 문을 잠근 적이 없는데 어느 날부터 방에 들어가면 문을 잠그고, 아이 방에서 휴지가 나오고, 아이의 스마트폰에 야동 영상이나 불법 링크 주소가 있다.

야동에 중독된 아이에게 어떻게 하면 야동을 보지 않게 할 수 있을까? 성교육 강사인 나도 사실 이 문제는 쉽지 않다. 야동을 접해 본 아이가 야동을 끊기는 정말 어렵기 때문이다. 먼저 야동은 만 18세 미만일 때는 보면 안 된다. 성인이 되고 나서 볼 수 있는 영상이다. 이걸 부모가 알고 있어야 한다.

완전히 야동을 끊으면 좋겠지만 정말 쉽지 않다. 그래서 아이에게 야동 장면이 '현실에서 일어날 수 없는 일, 연출된 장면'이라는 것을 알려 주어야 한다. 그것을 알고 나면 야동을 보면 볼수록 현실에서는 이루어질 수 없는 일이라는 걸 느끼게 된다.

실제로 야동에 중독된 중학생 아이를 상담하면서 "야동을 볼 때 저건 리얼이 아니라 주작으로 이루어진 것이다."라고 생각하라고 강조했다. 그리고 자위를 하기 위해서 야동을 보는 경우가 많은데 "자극적인 영상을 보면서 자위를 하면 나중에 실제로 성관계를 할 때 조루 증상이 생길 수 있다."고 설명해 주었다.

학생도 자기가 야동에 너무 빠져 있다는 걸 인식하고 야동을 줄이고 있는데 "성욕이 해소가 안 돼 너무 힘들다."고 했다. 야동을 한순간에 끊으려고 하니까 자극적인 영상에 익숙해져 있어서 힘들어하는 것이다. 다행인 것은 이 학생은 자신이 중독이라는 걸 인지했다는 것이다. 야동을 끊고 싶다는 마음이 있기 때문에 야동보다 더 재미있는 걸 찾게 해 주고 싶었다. 그래서 아이가 평소에 좋아하는 댄스 동아리 활동을 하게 했고, 청소년상담센터의 도움을 받으면서 야동 보는 것을 조금씩 줄여 가게 되었다. 가족들도 옆에서 도움을 주면서 많이 좋아졌다.

야동 중독에서 빠져나오게 하려면 무엇보다 야동 보는 게 재미없다고 느끼게 해야 한다. 야동보다 친구와 노는 게 더 재미있고, 가족들과 여행 가는 게 더 좋으면 자연스럽게 야동을 안 보게 된다. 야동에 빠지는 이유는 호기심이 가장 크지만 지금 더 재미있는 게 없기 때문이다. 그래서 아이가 야동에 빠져 있다면 일단 '아이가 외롭구나.'라고 생각하고 야동이 재미없어지게 아이에게 신경을 많이 써 줘야 한다. 그러다 보면 아이가 야동을 보는 횟수가 줄어들 것이다.

66

야동을 접해 본 아이가 야동을 끊기는 정말 어렵다.
야동 중독에서 빠져나오게 하려면 무엇보다
야동 보는 게 재미없다고 느끼게
더 재미있는 것을 찾아 주어야 한다.

99

성과 관련한
초등학생들의 황당한 질문

질문 1 침대에서 아빠가 엄마를 괴롭혀요. 엄마가 아파하는데 아빠가 계속 엄마를 몸으로 때려요.

아이에게 부부가 성관계하는 장면을 들켰다면 일단 아이에게 미안하다고 사과를 해야 한다. 아이 입장에서 무척 당황스럽고 이상한 마음이 들지 않았을까? 그리고 아이에게 아빠가 엄마를 괴롭히는 게 아니라 서로 너무 사랑해서 더 큰 사랑을 주는 거라고 이야기해 주고, 이런 과정을 통해서 임신이 되고 아이가 태어난다는 것도 알려 준다. 여기서 핵심은 부부관계를 하는 걸 보고 놀란 아이의 마음을 진정시켜 주고 부부관계하는 걸 보게 해서 미안하다고 사과하는 것이다.

질문 2 아마 우리 엄마는 한 번도 섹스를 안 했을 거예요. 우리 아빠는 엄마 손도 안 잡아요.

부부관계는 아무도 모른다. 그래서 부부가 아닌 이상 여기에 답을 주기 힘들다. 연애할 때처럼 뜨거운 시절이 계속 된다면 우리는 모두 화상에 걸릴 수 있다. 연애할 때처럼 매일 심장이 뛰면 우리는 모두 부정

맥으로 죽을 수도 있다. 그래서 결혼 생활이 오래 될수록 가족이 되어가는 것 같다. 그런데 우리는 부부이기도 하지만 부모이기도 하다. 그래서 아이들이 있을 때는 연기를 해야 한다. 서로 사랑하지만 표현이 없어진 부부는 사랑하는 표현을 해야 한다. 그걸 보고 아이들이 남녀의 사랑 표현을 배우게 되고, 나중에 자기도 이성 교제를 하면 부모처럼 해야지 하는 생각을 하게 된다.

이 질문을 했던 학생에게 나는 이렇게 답했다.

"엄마, 아빠는 아마 둘이 있을 때는 서로 뽀뽀하고 손도 잡을 거야. 사람들이 많은 곳에서 애정 표현하는 건 불편할 수 있으니까…."

질문 3 강사님은 왜 섹스를 해요?

이 질문은 초등학생뿐만 아니라 모든 학생이 다 한다. 나는 "사랑하기 때문에 한다."고 대답한다. 그러면서 "사랑하지 않는데 왜 섹스를 할 수 있을까?"라고 역질문을 한다. 그리고 "섹스를 하기 위해서 사랑하는 게 아니라 사랑을 하다 보니 더 큰 사랑을 표현하고 싶어서 섹스를 하는 거야."라고 덧붙여 말한다. 특히 섹스를 할 때는 서로의 책임감이 따르기 때문에 신중해야 하고, 동의가 없는 섹스는 바로 성범죄라는 것을 강조한다.

질문 4 내 고추가 여자 소중이에 들어갈 때 어떤 소리가 나요?

아이들의 상상력은 대단하다. 이 질문에는 정말 힘들게 대답했다. 일단 소리는 없고, 소리가 나더라도 아주 미세한 소리여서 우리가 들을 수 없다고 이야기해 주었다.

질문 5 섹스는 몇 시간을 해야 하나요?

섹스할 때 정해진 시간은 없다. 사람마다 다르기 때문이다. 그런데 모든 운동도 오래 하면 힘든 것처럼 섹스도 너무 오래 하면 힘들고 음경과 음순이 아플 수 있다고 이야기해 주었다. 그래도 평균적인 섹스 시간이 있어서 찾아보았다.

영국, 미국, 스페인, 네덜란드, 튀르키예 5개국에서 18세 이상 남녀 500쌍의 섹스 지속 시간을 4주 동안 스톱워치로 측정한 결과 평균 섹스 시간은 5.4분으로 나타났다고 한다. 영국과 네덜란드 과학자들이 실시한 이 조사에서 섹스 시간의 길이는 연령과 국적에 따라 상당한 차이를 보였다. 영국인이 평균 7.6분으로 가장 길었으며, 미국인은 7분을 기록했다. 스페인인은 5.8분, 네덜란드인은 5.1분을 지속한 데 비해 튀르키예인은 평균 3.7분으로 가장 짧았다.

섹스 시간은 나이가 많아지면서 점차 짧아졌는데 18~30세 남성의 경우 평균 6.5분이 걸렸고, 51세 이상의 남성은 4.3분을 기록했다. 이 이야기를 들은 학생들은 '너무 짧은 거 아니야?'라는 반응을 보였다. 그런데 시간이 중요한 게 아니라 서로 좋아하고 만족하는 시간이 제일 중요하다.

질문 6 성관계 말고 아기를 가질 수 있는 다른 방법은 없나요?

인공수정 시술로 아기를 가지는 방법과 입양을 하는 방법이 있다.

질문 7 어떻게 거기에서 아이가 나와요? 꺼내 주는 사람이 확실히 있는 거죠?

산부의과 의사가 출산을 도와준다. 그런데 출산은 산모가 정말 너무 큰 고통을 견디고 아기를 낳는 것이다. 처음부터 아기를 꺼내 주는 게 아니라 산모가 아이를 나오게 하기 위해 정말 엄청난 고통을 견디고 힘을 주는 것이다. 그리고 출산 과정에서 사망하는 경우도 있다. 그만큼 출산의 고통은 정말 크고 아이가 태어나는 건 신비롭고 기적 같은 일이라는 걸 교육해야 한다.

질문 8 남자가 아이를 낳을 수도 있나요? 얼마나 고통스러운지 한 번 도전해 보고 싶어요.

남자가 아이를 낳을 수는 없다. 하지만 남자 없이는 아이를 가질 수 없다. 남자의 정자가 여자의 난자를 만나서 아이가 된다. 그 과정 없이는 그 누구도 아이를 가질 수 없다. 남자는 아이를 낳지 못하지만 키울 수는 있다. 그래서 아이를 키우는 육아는 남자가 도와주는 게 아니라 함께 하는 거라고 교육해야 한다.

질문 9 섹스를 오래하면 할수록 큰 아이가 태어나는가요?

오래 하면 할수록 큰 아이가 태어나기보다는 사랑하는 사람하고 오래 하니까 서로 좋은 마음이 들지 않을까 생각한다. 너무 큰 아이를 낳는 건 산모한테 위험하다. 적당한 아이가 태어나는 게 좋다. 큰 아이가 되려면 태어나서 밥도 골고루 먹고 운동도 열심히 하면 된다. 공부도 열심히 하고 주변 사람들을 도와주면 정말 큰 사람이 될 수 있다.

섹스할 때 아프지 않나요?

아플 수 있다. 왜냐하면 사람의 몸은 그때그때 다르기 때문이다. 운동을 할 때도 어느 날은 컨디션이 좋아서 아무리 뛰어도 아프지 않지만, 몸이 좋지 않은 날에는 조금만 뛰어도 아프다. 그런 날에는 운동을 잠깐 멈추고 집에서 휴식을 하면서 치료를 해야 한다. 섹스도 비슷하다. 성관계를 하다가 아프면 그만하는 게 좋다. 그리고 아무리 하고 싶어도 상대방의 몸을 배려하고 존중해야 한다. 지금 성장하고 있는 청소년들은 몸이 만들어지는 시기여서 성관계가 좋지 않을 수 있다. 그래서 성인이 되어 내 몸이 완전하게 자란 후 성관계를 하는 게 좋다고 생각한다.

질문 11 **어른이 되기 전에는 섹스도 안 할 건데 왜 성교육을 받아야 하나요?**

잘못된 성교육은 성범죄를 일으킬 수 있는 아이로 성장하게 된다. 잘못된 성교육으로 자기가 성적으로 우월하다는 생각을 하게 된다. 여자는 싫다고 하는 것을 좋다는 의미로 잘못 생각하기도 하고, 남자라면 누구나 섹스를 다 좋아할 거라고 단순하게 생각한다. 그리고 음란물을 보면서 그렇게 하는 게 섹스의 전부라고 생각하고 따라 하게 된다. 제대로 알려 주지 않으면 아이들이 이런 행동을 할 수 있게 된다. 그래서 올바른 성교육이 필요하다.